U0001594

超文系人間のための統計学トレーニング
「数学を読む力」が身につく25問

人生卡關的時候……
就用期望值
思考吧！

AI時代輕鬆存活必備技能！
寫給文科生的統計學超入門

前BCG集團王牌顧問
齋藤廣達
劉格安——譯

寫給文科生的統計學超入門

ＡＩ 時代輕鬆存活必備技能！

目錄

第 2 章 工作與人生是靠「機率」在決定輸贏的嗎？
── 關於情境規劃與漏斗

第 5 章 「多變量分析」是在 AI 時代生存的必備知識
── 機會、風險與財富，皆在其中

前言

在一邊享受閱讀樂趣的同時，

不知不覺就突破盲點

——什麼？原來這些東西也是統計學！

🖊️「世界的祕密」究竟藏在哪裡？

「為什麼這個商品如此熱銷？」

「為什麼這個App這麼熱門？」

「為什麼這個YouTuber這麼受歡迎？」

……總覺得這些所謂的「成功案例」背後，似乎藏著什麼特定的法則。

如今市面上充斥著各種媒體內容，試圖解析成功案例背後的法則或主因。從累積各種經驗或思考訓練的顧問所分析的內容，到一些三教九流之輩如洗腦講座般的分享……老實說，內容良莠不齊，有些是根據真憑實據的分析而來，但單純的意見或感想也所在多有。

即使對此心知肚明，但一旦在職場上或私生活中遭遇任何不順遂，人們就會想要依賴那些媒體內容，以為這個世界上一定有什麼成功的祕訣，只要知道那個祕訣，肯定能夠把世界看得透徹，做任何事情都一定會成功。

但是實際上，這個世界並沒有那麼單純。像國中的數學那樣「只要知道x即可知道y」的簡單法則，並不是

那麼地通用。學生時期書讀得愈認真，成績就會愈好，但轉換到工作上可就沒那麼簡單了……

以前的我也是如此。回想起來，我總是不曉得怎樣做才是對的，每天都被上司提點著我的一舉一動——為了擺脫這樣的生活，同時找到成功的祕訣，必須更努力學習才行。我就是帶著這樣的想法，度過了年輕歲月。

你可以從這本書中獲得什麼？

我就是在那樣的情況下，接觸到「統計學」。原本堪稱「超級」文科人的我，下定決心前往美國的研究所深造，在那裡學習統計學，並一腳踏入顧問圈。後來我學習使用Python進行數據分析與機械學習，目前也經手許多跟數據分析或AI相關的工作。

那段期間，我一直都在接觸「統計學」。然後我發現，過去心中的疙瘩也慢慢地消失了。

當然，這種工具並沒有那麼神奇，並不是「只要學會統計學，就能知道世界上所有的祕密」，只不過，藉由學習統計學，你會發現：

- 每天的生活會看起來稍有不同。
- 對於工作上該做些什麼，可以運用數字思考得比以往更清楚。
- 可以用統計學的觀點來分析世界的動向或趨勢。
- 然後最重要的是——可以對這個充滿不確定性又不可思議的世界，再多一些些理解。

這就是統計學的魅力，也是統計學所擁有的力量。

為了想讓讀者體驗這些統計學的厲害之處，所以我執筆寫下本書。

過去我曾出了好幾本關於數字或統計的書，但本書的切入點則與以往不同，會著重在「對日常生活或工作有幫助」的內容上，並以謎題為主軸，讓讀者得以在享受解題樂趣的同時，也能充分理解統計學。

自從PHP研究所的吉村先生，也是我作為商業書作者出道以來的舊識，向我提及此事後，我們一同絞盡腦汁思考，什麼樣的主題可以更貼近讀者？什麼樣的謎題可以讓讀者當成自己的事情一般產生興趣？此外，我也盡量避免使用艱難的詞彙或數字，好讓同為文科出身的人，也能夠享受閱讀的樂趣。

讓讀者在回答謎題並閱讀解說的過程中，不知不覺學會用統計學思考，就是我完成此書的用意。

　　當你在閱讀本書時應該會發現，有很多地方讓人心想：「什麼？原來這也是統計學」。沒錯，儘管統計學給人難度很高的印象，但基本上都是極其單純且眾所皆知的觀念。只要再多補充一點點知識，就能大幅加深理解的程度。

　　前言的部分還是就此擱筆，趕緊進入正題好了。
　　請務必在享受樂趣的同時，嘗試接觸統計學的世界。
　　但願各位都能夠發現各自的「世界的祕密」，學會如何簡單又有效率地在工作上創造成果，並且在私生活中也能夠擁有充實的時光。

2022 年 2 月

齋藤廣達

序章

學會運用統計學的力量，解開「世界的祕密」

——理解支配我們生活的遊戲規則

✍ 世界是靠「骰子的點數」來決定的？

想像一下：你的眼前有一顆骰子，你擲到1點的話，可以得到1萬圓，但擲到6點的話，則會反過來損失1萬圓，若擲到2至5點的話，就再擲一遍。

我認為經營事業就像這個擲骰子的遊戲一樣。

成功與失敗都有一定的機率會發生，非要到等實際執行之後才會知道結果。有時堅持下去會成功，有時堅持下去則會失敗。但如果一再重複這個過程的話，最終將會按照機率去發展。

如果想要贏得這場遊戲，該怎麼做才好？

訓練出能夠經常擲出1點的能力嗎？那也是一個辦法。聽說賭場的荷官能夠透過訓練，慢慢學會如何擲出特定的數字。

不過還有一個方法比那簡單多了，那就是「改變遊戲規則」。

例如，把規則變成擲出數字2與3，而不是只有擲出

數字1時，也能夠得到1萬圓。如此一來，贏得遊戲的機率就會一口氣提高許多。

當然，失敗的機率並不會變成零，但知道規則的話，不僅可以為失敗做準備，也可以經由「試錯」，更進一步提高機率。

經營事業也一樣，成功與失敗都是基於一定的機率來決定，結果要等到實際去做才知道，但你可以藉由各種行動來提高成功的機率。

經營事業就是一門可以像這樣用數字來掌握、用數字來計算的科學。

不，應該不只是經營事業而已，即使說世界上所有事物都是由「數字」構成的，也絕非言過其實。

能不能進入自己想要的學校或公司、能不能負責有成長空間的工作、能不能遇到理想的伴侶、能不能在偶然踏進的餐廳裡吃到合自己口味的餐點……真要說來，這些也全都是機率的世界。

🖊 第一步，先掌握數字的規則

不過，我們平常並不大會清楚意識到這些事。

舉例而言，在企業的現場是否三不五時就會上演以下這樣的情形呢：

- 只是因為感覺「好像會很熱賣」就推出新商品，結果徹底失敗。
- 得到上頭模稜兩可的指示說：「把這個數字再提高一些。」你只好像隻無頭蒼蠅般拚命約見客戶。
- 對於一時心血來潮的念頭，抱著「總之先試試看再說」的心態，投入大筆預算。

與此同時，卻對「勞動定額」等目標數字極其嚴格：

「離目標還差100萬圓，所以要更努力一點。」
「經費增加了10％之多，所以要再減少一點。」

或許有主管會這樣高聲疾呼，還認為「自己很確實地管理數字」。

事情並不是這樣的。比起檢視那些數字，更重要的是了解掌控這個世界的「數字規則」。而有助於了解那套規則的，就是「統計學」。

🖋 不是要學習統計學，而是要「運用統計學」

以統計學為主題的書籍，大部分都著重在如何處理數據，還有為此要進行什麼樣的計算。畢竟統計學就是「處理數據的技術」，所以這也無可厚非。

其中還常出現文科人沒聽過的用語，例如變異數、標準差、信賴水準、卡方檢定、t檢定等等，許多人可能光是看到這些就頭痛了吧。

藉由使用這些專門技術，舉例來說，就有可能根據店面的營收數據，提出這樣的詳細分析：「這個數據的變異數只有這樣，標準差是○○，信賴水準是△△……」

不過，能夠進一步論及「那該如何運用那個數字比較好」的書籍，絕對不多。

反觀本書所設定的目標，則是「有用的」統計學知識。

書中盡量避免採用複雜的數字或算式，而是專注於「用統計學的思維來想，會是這樣，所以可以如何派上用

場」。

在基本知識方面，只要懂得四則運算，亦即「加、減、乘、除」就夠了。

✎ 統計學可以做到的事：①了解數字的意義

那麼，閱讀本書究竟可以做到哪些事呢？

首先，第一件事就是「能夠了解數字的意義」並融會貫通。

2020年席捲全球的新型冠狀病毒肺炎，是否讓更多人了解到數字的意義了呢？

每天持續公布的確診人數、不斷攀升的統計圖表、疫苗接種率的變化……看到那些資料，即使知道「喔，昨天的確診人數是○○人啊」，也不曉得那究竟代表著什麼意思。

與此同時，（據稱）使用各種數據的可疑資訊甚囂塵上。「打疫苗會讓身體產生磁力……」、「吃○○的話就不會感染新冠肺炎……」等奇談妙論也漫天飛舞。

究竟該相信什麼才好？未來又會如何發展？恐怕有許

多人都為此感到焦慮。

若能具備統計學的基本知識，就能夠理解那些「數字的意義」並融會貫通。如此一來，至少能夠緩和焦慮，而且在碰到明顯可疑的數字時，也能夠意識到「不太對勁」。

所謂「數字能力強的人」都有一個特徵，就是「擅長將數字融會貫通」。每當碰到無法理解的數字時，他們習慣自動自發地去思考：如何將那轉換成可以具體想像的數字。

例如在看到「確診人數突破100萬人」的數字時，能夠舉一反三地聯想到：「確診人數超過100萬人的話，大約是日本人口的1/100。我們公司的員工是500人，目前為止確診者只有1人，所以我們的對策應該是相對較成功的。」

如果你在人資部或總務部任職的話，應該一方面會對那個數字感到安心，一方面也會思考「萬一疫情擴散的速度變快的話，必須強化我們的對策才行」等等。

沒錯，正因為了解數字的意義，才能夠採取「下一步行動」。

統計學可以做到的事：②預測未來

正如文章一開始提及的，經營事業就像擲骰子的遊戲一樣。

如果是擲出 1 點能得到 1 萬圓、擲出 6 點會損失 1 萬圓的遊戲，**贏的機率約為 17％，輸的機率也約為 17％**。

像這樣解讀遊戲規則並預測未來，也是統計學的強項。

例如使用統計分析來預測便當的銷售量。根據過去的資料來預測可以賣多少便當，像是一月的星期六、陰天的日子、最高氣溫 10 度時……類似這樣的計算，只要資料收集得夠齊全，應該能夠導出準確度相當高的數字。

而目前統計分析走在最尖端的，就是 EC（電子商務）的世界。不只是哪個商品在什麼時候賣出多少量而已，就連哪種屬性的人看了哪裡的網站點進來、瀏覽哪個頁面多長的時間才下單購買，這些行動紀錄全部都會留下痕跡，這就是 EC 的特徵。正因如此，才能夠預測「哪個部分如何改變會得到什麼結果」。

近來大受討論的流行語，就是「SDGs」（永續發展目標）。所有領域都開始講求對環境的考量，那些大量出貨、

大量廢棄的商業模式已不再見容於這個社會。正因如此，也才形成了對於需求預測講求高準確度的背景。

✎ 預測未來的意義在於「防患未然」

話雖如此，世上的一切並不會完全按照過去的事例發展，更何況如果是新產品或新事業的話，要提出正確的預測幾乎是不可能的吧？統計學雖然是很強大的工具，卻有其極限。

那麼，預測未來難道毫無意義嗎？

不！即使如此，預測未來還是有意義的。

因為「提前預測未來，即可因應未來的變化」。

想要投入一件事情時，即使只是假設的也沒關係，先預測「成功機率為70％，失敗機率為30％」，如此一來，「現在要做的事情約有30％的風險」一事，就會變得很明確。人只要看到風險，就自然而然會開始思考對策。

這樣一來，即使實際執行後遭遇失敗，過程中也不會亂了手腳。因為只要按部就班地執行預先準備好的對策即可。那是很重要的。

軟銀創辦人孫正義對投資曾提出這番見解：「在成功率五成時去做是愚蠢的，但等到成功率九成時再做則已經太遲了。成功率七成左右去做剛剛好。」這段話確實很符合軟銀以果敢進攻態勢著稱的風格。

但這裡該注意的是，三成的失敗率是從一開始就預設好的。事實上，軟銀拓展新事業的步伐雖快，但撤退的速度也很快。我想這就是因為他們早已看清有「三成失敗」的風險。

預測未來時，重要的不是「百發百中」。

「無論未來如何發展都有能力因應」，才是最重要的。

🌀 統計學可以做到的事：③因應AI時代

我自己的感覺是，日本人至今對數字的敏感度依然很低。

但即使是這樣的日本社會，似乎也在一點一滴地改變當中。而在所有的理由當中，最大的莫過於IT與AI的發展。

拜現今便利的網路環境之賜，人們可以獲取龐大的數據。數據愈多，數字愈能發揮力量。

　　近年來，各大統計學會的發展方興未艾，想必與更多唾手可得的數據不無關連。隨著數據愈來愈多，社會將愈接近統計學的結果。

　　各位知道中國有一種名為「芝麻信用」的信用評分機制嗎？

　　AI會分析每個人在營運該系統的阿里巴巴集團網站上的消費紀錄，或使用「支付寶」這種電子支付服務的數據，並將每個人的信用度化為分數。而且不僅是支付紀錄而已，連那個人的社會地位、購物傾向、交友關係等都會經過數據分析，再給每一個人打分數。評分高代表信用度高，因此會被判斷為是可以高額借貸的對象；反之，若評分低的話，就比較難借到錢。此外，評分高還有其他好處，像是可以獲得各式各樣的優惠等等。

　　不過，如今這個數值也開始被使用在信用以外的世界。舉例而言，評分低的話，對於求職會造成阻礙，尋找結婚對象也會比較辛苦……因此，中國人為了提高這個分數，紛紛卯足全力。哎呀，這還真是個前所未有的時代。

如今這種信用評分也登陸日本了，但似乎尚未普及開來。不過就像電子支付在中國遍地開花，如今在日本也變得很普遍一樣，或許日本總有一天也會邁入被這套信用評分機制所掌控的時代。

莫非我們已經被AI玩弄於股掌之間？

即使不是這樣，我們也已經被AI玩弄於股掌之間。

例如在亞馬遜網站購物時會出現的「推薦商品」，應該有很多人曾經一不小心就買下原本沒打算買的東西吧？這就是AI分析了你的購物紀錄，再顯示出擁有相同嗜好者經常購買的商品給你看。

或者像是YouTube影片，看完一個影片後，再繼續觀看下一個系統推薦的影片，然後不知不覺幾個小時就過去了……相信也有很多這樣的人。這也是因為AI分析了你的嗜好，並且陸續推薦你所偏好的影片的緣故。

更厲害的是TikTok。

推薦的機制基本上大同小異，但TikTok的AI會不時地放入與使用者的嗜好完全無關的推薦項目。比方說，當你在看跳舞的影片時，突然出現呼嚕嚕吃拉麵的影片。

持續觀看同樣的東西總是會膩，但像這樣隨機被推薦毫無關聯的影片，使用者就會愈來愈沉迷其中。

關於推薦引擎常見的批評之一，就是「如果總是觀看相同類型的東西，無法擴展一個人的視野」。對此，TikTok 採用這樣的機制，來創造「不期而遇」的意外驚喜，老早就推翻了這樣的批評。

還記得國中學的「一次函數」嗎？

「這樣的 AI 想必會進行十分複雜的計算吧」，或許是許多人共同的心聲。

確實，計算很複雜沒錯，不過背後的原理絕不複雜。

在 AI 的世界裡，使用的是「多變量分析」。而其基礎則是各位在國中時就學過的「一次函數」。

各位是否還記得呢？舉例來說，就是：

$y = 5x$

或是：

$y = 2x + 5$

……等等。

換句話說，就是「若給定一個變數的話，就會恰好對應到另一個變數」。所謂的「y＝5x」，即「當x等於1時，y等於5」的意思。

舉例而言，假如有個法則是「氣溫每上升1度，自動販賣機的飲料就會多賣出5罐」的話，這就可以用「y＝5x」的一次函數來表示。

話雖如此，這個世界並沒有這麼單純。星期、時間或廣告的曝光量等等，種種因素都會影響到營收。

因此這個變數會一直增加。如此一來，由人工來計算會變成一個大工程，因此才要交由AI來替我們計算。

AI在做的就是這些事情。

怎麼樣？這樣一想的話，是不是就感覺親切許多了呢？

關鍵是先了解這個世界的「遊戲規則」

IT、大數據、信用評分、AI、元宇宙……當今的世界日新月異，新事物如雨後春筍般湧現。

面對這一切，「因為我都不了解，所以就算了吧」，雙手一攤放棄理解是個人自由，但除非你是躲在深山裡過著

隱居生活，否則我們每個人都一定會受到影響。

　　既然如此，至少先了解一下支配我們的「遊戲規則」，不是比較好嗎？

　　而其中的關鍵，就是統計學。

　　沒錯，換句話說，統計學就是解開「世界祕密」的關鍵。

第 **1** 章

即使只靠「四則運算」
也能懂得這麼多！

——@變換是強大的工具

1-1 如何看待那些過於龐大的數字？

✎ 平均的「正確使用方式」是什麼？

說到統計學，相信各位腦中可能會浮現的是，這是一門需要複雜公式與計算的學問。確實，畢竟統計學本身是用複雜的算式計算出來的，其中有些概念必須經過如此精密的計算。

不過，大部分商務人士如果要將之使用在工作上，或者想在日常生活中派上用場的話，其實只要簡單的四則運算，亦即「加、減、乘、除」，幾乎就可以完成所有事情了。

比方說「平均」，相信每個人在小學的時候都有學過。保險起見，請讓我先出一個像以下這樣的例題：

> ▶▶ **Q** 你是住宅建築商的銷售人員，今天共有6位客戶上門來諮詢，每位客戶的年收入分別為300萬圓、400萬圓、400萬圓、900萬圓、1,000萬圓、1,200萬圓，請問今天到訪的客戶平均年收入是多少？

這是非常簡單的問題：

300 萬圓＋400 萬圓＋400 萬圓＋900 萬圓＋1,000 萬
圓＋1,200 萬圓＝4,200 萬圓
4,200 萬圓 ÷6＝700 萬圓
答案是「700 萬圓」。

這個問題太簡單了，說不定也有人心想：「這是陷阱
題嗎？」但不是這樣的，請把這想成是熱身題就好。陷阱
題稍後還有很多機會會出現，因此請儘管放心（笑）。

平均身高、平均體重或平均年收入等「平均」，充斥
在我們的生活周遭。
因為實在太簡單了，所以大家可能會心想：「這也叫
統計學？」但平均也是標準的統計學之一。
只不過，重要的是它的使用方式。依據使用方式的不
同，平均值有可能成為幾乎毫無意義的數字，也有可能成
為在事業經營上提供重要指引的數字。
為此，我想在這一小節裡介紹的，就是「正確的平均
使用方式」。

✍ 運用「@變換」將龐大的數字化為自己的事

有一種平均計算是我希望各位務必養成的「習慣」，那就是「試著算出每一個人的平均值」，我把這稱為「@變換」。

這個世界上到處都是龐大到有點難以想像的數字。
舉例而言，像是：

- 日本的國家預算107兆圓
- 豐田汽車的營收27兆圓

諸如此類。

人在面對過度龐大的數字時，往往會陷入停止思考的狀態。說自己「討厭數字」的人，實際上應該有很多是「討厭龐大的數字」吧。

這個時候可以派上用場的，就是「@變換」。這可以說是一種藉由計算出每一個人的平均數字，來將過於龐大的數字變成「自己的事」的技術。

接下來，我們就試著把前面提到的「日本的國家預算107兆圓」，換算成每一個日本人的平均數字吧。日本的人口約為1億2,000萬人，所以平均每人約可分配到89萬圓。

107兆圓 ÷ 1億2,000萬人 = 89萬1666.666……圓

在國家預算中，包含社會保險費、基礎設施的維護費或防衛費等等。為了我們每天安心舒適的生活，全年使用的成本大約是90萬圓。所謂的國家預算107兆圓，可想而知就是這麼一回事。

這樣的國家預算究竟是多還是少，我想答案因人而異，但相信經過@變換化為「自己的事」以後，原本過度龐大的數字就變成了可以想像的數字。

✎ 如何把龐大的豐田汽車變得「平易近人」?

接下來是「豐田汽車的營收27兆圓」。這個就用豐田汽車的員工人數，來做@變換看看吧。

27兆圓這個數字是合併財報，也就是不僅包含豐田

汽車一間公司而已，而是連整個集團企業也包含在內的財報數字。因此，員工人數也用合併來看的話，約為36萬人。不愧是營收在日本首屈一指的企業，員工人數也是相當可觀的數字。

把這個數字化為每人平均的話，就是7,500萬圓：

27兆圓 ÷ 36萬人 ＝ 7,500萬圓

雖然是非常大的數字，但還不到「壓倒性」的程度。舉例來說，以辦公文具為人所知的愛速客樂（ASKUL），其營收約為4,200億圓，相對於此，該公司的員工人數約為3,300人。換算為平均的話，每人超過1億圓。一般而言，批發業的每人平均營收會比製造業來得高。

請你也試著用自己公司的營收與員工人數，計算看看「平均每人的營業額」。只要能像這樣抓到感覺的話，應該也能夠把大企業的數字化為自己的事一樣理解才是。

用數字看出「安倍口罩」的問題出在哪裡

好的，我們再回到跟國家有關的話題，請思考看看以

下的問題：

Q 父親看到「安倍口罩的預算為466億圓」的報導以後
非常生氣。

「竟然要在這種東西上花超過460億圓，簡直太荒唐
了！」

雖然你也認為很不合理，卻說不出來這件事情究竟
有多浪費。請問如果是你的話，會如何說明呢？

　　在2020年新冠疫情中發生的口罩短缺，相信各位都
還記憶猶新。這段期間由國家發放口罩的措施，是依據當
時首相安倍晉三的名字，通稱為「安倍口罩」，然而其緩
慢的應對、口罩的數量或品質卻引來大量的批評，還被揶
揄是「浪費稅金」。

　　只是，在那個對未來一無所知的新冠疫情當下所做的
判斷，若單憑印象就從事後的觀點加以批評並不公平。因
此，這裡也試著將之換算成「數字」看看。

　　日本的人口約1億2,000萬人，若將口罩預算466億
圓用@變換的話，大約是390圓。換句話說，就是用這個

價格發放口罩給國民的意思。

雖說運費也包含在內，但老實說，以口罩的價格來看，應該還是稍微貴了點吧。

不過，當時正值口罩嚴重短缺的時候，市面上販售的口罩價格都相當昂貴。雖說後來價格立刻暴跌，但平常一盒500圓左右的口罩，價格甚至一度飆漲到3,000圓上下。如果是在那樣的狀況下，感覺「安倍口罩」的成本似乎也就沒那麼不合理了。

況且，後來還公布了這項政策全部支出的費用，最後是落在260億圓。這樣的話，平均每人大約是220圓。

結果在我看來，安倍口罩的問題與其說是成本，恐怕「速度」才是癥結所在。由於民間企業建立量產體制的速度出乎意料地快，使政府錯失時機，才會導致後續的批判。

總覺得與其他國家相比，日本人似乎比較容易逃避國家預算或貿易收支之類的話題。因此，即使是在評論或批判政策時，感覺也常自始至終都訴諸情感或感性面。

正因如此，我才希望大家可以直接面對數字。相信在這之中，「@變換」會成為非常有用的工具。

1-2 把公司的相關數字套用@變換
—— 如何找出「好公司」？

> **Q** A公司與B公司同樣經營批發業，主力商品的重疊率也很高。A公司的營收為50億圓，員工人數50人；B公司的營收為100億圓，員工人數120人。試問：我們可以說哪一家公司的經營效率比較好呢？

✍ 看到公司營收數字就自動套用「@變換」

這題也直接用員工人數來做「@變換」吧。

換算下來，A公司平均每位員工的營收是1億圓，而B公司則約為8,300萬圓。

A公司營收50億圓÷50人＝1億圓

B公司營收100億圓÷120人＝約8,300萬圓

「經營事業的效率好不好」得從公司擁有多少資產，或擁有多少固定資產等各種角度來檢視，因此確實不能因

為每人平均的營收較多，就說它的經營效率比較好。

不過至少我們可以確定的是，A公司「用較少的人數創造高額營收」。如果A公司與B公司不僅是業種與業態相同，連其他條件也大同小異的話，我們就可以認定A公司營運得比B公司好。

儘管如此，如今這世上還是有很多人習慣用「營收的多寡」來判斷企業的價值。

營收100億圓的企業比50億圓的厲害，營收超過

● 換算成「每人平均」的話……

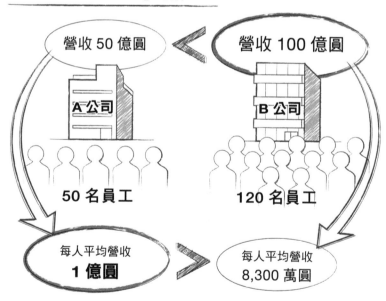

1,000億圓的企業更厲害，不過雖說如此，我認為這是一種「停止思考」的行為。

正因如此，我們才更要養成一看到龐大的數字，就要反射性進行@變換的習慣。為了避免在面對龐大數字時陷入停止思考的狀態，這是很重要的一件事。

頭腦運轉速度快的顧問，在看到數字的瞬間，就會條件反射式地進行@變換。

舉例而言，如果客戶公司的營收是50億圓，員工是100人的話，他們就會立刻計算出每人平均營收為5,000萬圓。接著，如果該業界的平均值比這個數字更高的話，他們就會推測是不是該公司存在人力過剩，或業務效率不佳等問題點。接著再詳細調查更精細的數字，一步步挖掘出問題真正的原因在哪裡。

有時候客戶會說：「真厲害你能在那麼短的時間內看出問題所在。」當然，我們也會做事前的研究，但其實光靠粗估的@變換就能導出假說的情況也意外地多。

 觀察零售業店面每一坪的營收是多少

截至目前為止，本書處理的都是「平均每人」的數字，

但其實「@變換」並不是僅限於人數而已，所有事物都能夠加以應用，例如「平均每家公司」、「平均每公克」、「平均每小時」等等。

其中零售業經常使用的，就是「平均每坪」與「平均每平方公尺」的@變換。

對於擁有實體店面的零售業來說，「店面大小」極為重要。面積愈大的話，愈能夠陳列更多商品或容納更多客人，但租金當然也會比較高，而且相對地也得增加員工人數吧。在營收與成本之間，勢必得取得最佳平衡才行。

舉例而言，假設有一家連鎖藥妝店，旗下各店面的營收如下：

	店面面積 （平方公尺）	營收（萬圓／月）
A店	240	1,000
B店	320	1,400
C店	140	600
D店	250	1,300
E店	100	800
F店	350	1,500
G店	180	900

光看這個數字，你應該會認為營收較多的B店、D店或F店是比較好的店面。

不過，只要用「店面面積」進行@變換，看法就會截然不同。

	店面面積（平方公尺）	營收（萬圓／月）	每平方公尺的平均營收（萬圓）
A店	240	1,000	4.17
B店	320	1,400	4.38
C店	140	600	4.29
D店	250	1,300	5.2
E店	100	800	8
F店	350	1,500	4.29
G店	180	900	5

唯有計算出這個數字，才有可能在店與店之間做比較。由此可以看出，像E店那樣營收較少的店面，其實是經營效率非常好的店面。

如果把E店採行的措施也推行到其他店面去，或許就能提升全體的營收。這就是管理者可以大展身手的機會了。

✑「數大就是美」的時代結束了嗎？

順帶一提，根據日本經濟產業省公布的商業統計數據（2014年）顯示，藥妝店的平均每平方公尺賣場面積的全年商品銷售額為64萬圓，換算成每個月大約是5萬3,000圓（64萬圓÷12個月）。與這個平均值做比較也是一個方法。

至於其他業種的平均每平方公尺賣場面積的全年商品銷售額，便利商店是150萬圓，百貨公司與綜合超市則是63萬圓。由此即可看出便利商店賺錢的效率有多好。

在高度成長時代，企業總是一味追求「營收」，而且資本雄厚的公司、營收亮眼的公司、員工人數眾多的公司，才會被視為「好公司」或「穩定的公司」。

不過如今卻不一樣了，連大企業也無法確保其地位穩如磐石，規模大反而成為改革路上的阻礙。也有大企業無法擺脫營收的詛咒，甚至因此而涉及醜聞。

希望各位務必使用 @ 變換的技巧，擺脫「數大便是美」的詛咒。

1-3 把「時間」的相關數字套用@變換
—— 如何洞悉真正的使用成本？

Q 先生說:「我想要買車。」雖然有車的確很方便,但畢竟這是一筆很昂貴的消費,更何況還要支出車位租金等費用。妳試著提議說,乾脆開開看最近當紅的「共享汽車」好了,但先生依舊堅持說:「我還是想要擁有自己的車……」請問,妳該如何說服先生比較好呢?

✍ 用數字析當紅的「共享汽車」

汽車是很昂貴的消費,就算是小排氣量的輕型汽車也要接近100萬圓,轎車的話最好要有上看200萬圓的心理準備。除此之外,車位租金、油錢或稅金等支出也不能小覷。

不過,藉此也能夠獲得一些很大的好處,像是隨時都能在喜歡的時間去喜歡的地方,這點確實很吸引人,而且對於孩子還小的家庭來說,有車應該特別方便才是。此

外，如果生活在鄉下地方的話，應該也有很多時候是沒有汽車就無法生活的吧。

這個案例中提出的是「共享汽車」。所謂的共享汽車，就是由多數人共享一輛汽車的服務，一般來說使用者除了要支付基本費用，每次使用還會再產生一筆使用費。

這些汽車大多會停放在都市裡的投幣式停車場等方便性高的地方，因此這次的案例應該可以預設是住在都市地區的人。換句話說，就是「雖然沒有汽車不至於無法生活，但有的話會比較方便」的意思。

把用車成本轉換成「月」支出

好的，在考慮該不該進行如此「高額消費」之際，可以派上用場的就是「時間的@變換」。

假設要購買一輛200萬圓的汽車好了。

買來的汽車能持續使用幾年當然因人而異，但日本稅法上的新車折舊，普通汽車是6年，輕型汽車是4年。儘管這只是稅法上的規定，但意思就是說，汽車在買回來4到6年以後，價值就會變成零。

因此，這裡先假設會持續使用一輛車5年好了。

首先，我們先試著用1年來做@變換。換算下來，1年是40萬圓（200萬圓÷5年）。

接著再往下細算，用1個月來做@變換。換算下來，平均1個月的用車成本是3萬多圓：

40萬圓÷12個月＝3萬3333.333……圓

這樣就變成比較容易想像的數字了。

問題是，汽車還要支出其他各式各樣的成本。

第一時間可以想到的就是油錢。如果是1公升可以跑20公里的油電車，假如稍微兜風一下，大概開了50公里好了，那麼消耗的汽油就是2.5公升左右。即使假設油價1公升要150圓，也只要花375圓，意外地便宜對吧。

接下來，還要再加入目的地的停車費或高速公路通行費，但這些費用幾乎都不會是天價，一次頂多幾百圓而已。此外，去超市或購物中心等地方採買日常用品，應該也有很多地方是免費停車才對。

假設每個週末都出門兜風，再加上5天左右的短距離移動的話，一個月粗估5,000圓說不定就綽綽有餘了。

問題是月租的停車費。市中心的話，有可能高達數萬圓；地方城市的話，則有可能幾乎等於免費吧。此處因為是都市地區的例子，所以暫估為每月1萬圓。

汽車稅全年要支付約3到5萬圓，另外應該還會買車險吧。與月租停車費加總起來，這裡先假設全年要20萬圓好了。如果用@變換計算每月平均的話，大約是1萬7,000圓。

以上合計下來，購買汽車的單月成本如下：

- 汽車的持有成本：3萬3,000圓
- 油錢等雜支：5,000圓
- 停車費、稅金、保險等：1萬7,000圓
共計5萬5,000圓。

換句話說，購買汽車等於是每個月要支出5萬5,000圓成本的意思。

🖋 如今已邁入「不持有」汽車的時代？

那麼共享汽車的情況又是如何呢？

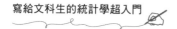

我們來看看號稱日本業界規模最大的「時代租車」（Time Car）的費用（使用2022年1月的數據）。

　　想要使用時代租車的服務，必須先登錄會員。每月基本費用為880圓（可抵使用費）。

　　其基本車款的單次租用費率是15分鐘220圓，也就是1小時880圓。不過在6小時以內，上限是4,290圓。

　　油錢包含在使用費裡。長時間租用的話，還要加上距離費用，比方說8小時開80公里的話，也要支付6,780圓。至於要不要加入在車禍等情況下會負擔一定程度的安心補償服務端視個人意願，但這裡就假設會加入好了。

　　然後跟前面的條件一樣，我們用「每個月兜風4次（6到8小時）」且「每個月5次的單次租用（1.5小時）」來計算的話，就會是：

- 每月基本費用：880圓
- 兜風租金：4,290圓×4＝1萬7,160圓
- 單次租金：1,320圓×5＝6,600圓
- 安心補償服務：330圓×4＝1,320圓
- 目的地的停車費、高速公路通行費：500圓×4＝2,000圓

- 其他，例如使用超過6小時的差額等等：3,000圓
  共計3萬960圓。

　這樣一來，就得出可以作為討論基礎的數字了。接著只要讓案例中的主角比較「每月支出5萬5,000圓購買汽車」，跟「每月支出3萬1,000圓租用而不購買汽車」，該選擇哪一個方案就行了。

　回到前面問題的答案，看來太太最好提出這兩者成本的差異來說服先生。

🖋 用車成本 vs 車輛對環境造成的負荷

　看到每個月2萬4,000圓、每年約30萬圓的成本差異，連我這個汽車愛好者也不禁會陷入沉思。

　其實我是個超級車迷，第一次購買汽車是在大學的時候。像是F1賽車或印第賽車，我至今依然會觀看電視轉播或網路直播，盡可能追蹤所有賽事。連我這樣的人，都會對於該不該持有汽車感到遲疑。

　如今日本也已逐步開始提供MaaS（交通行動服務）。所謂的MaaS，就是可以無縫使用電車、公車、計程車等

交通工具的服務。舉例而言，只要用 App 查詢欲前往的路徑，直接預約好到目的地為止的交通工具並結帳，就能夠自由使用路途中所有的交通工具，這是目前正在發展的世界趨勢。

持有汽車的時代或許已經邁入尾聲。

此外，若考量到二氧化碳排放量，那麼在思考汽車的購買或持有成本之前，相關的數據會先令人觸目驚心。

● 每單位運輸量的二氧化碳排放量（旅客）

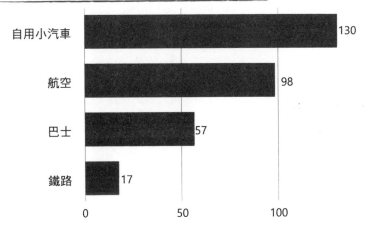

二氧化碳排放強度 [g-CO$_2$/ 人 km]（2019 年度）

※〈出處〉溫室效應氣體清冊辦公室：「日本的溫室效應氣體排放量數據」、國土交通省：「汽車運輸統計」、「航空運輸統計」、「鐵路運輸統計」，國土交通省環境政策課編製。

比方說，在日本國土交通省的網站上，就有揭露旅客每移動1公里大約會排放多少二氧化碳等淺顯易懂的數據。

　　如果是自用車的移動，平均每人每公里的移動會排放130公克的二氧化碳，這個數字是搭乘公共汽車的2.3倍、使用鐵路移動的7.6倍，甚至比搭飛機時排放的二氧化碳還多……

　　只要用「＠變換」把數字化為自己的事，單純的數字就會轉變成訴諸感性的訊息。

1-4 運用@變換來做「推測」
——如何回答網路上找不到的答案？

> **Q** UNIQLO是日本最大的服飾企業，由於門市數量很多，因此不知不覺就買了一堆UNIQLO的產品。我想要調查一下，自己究竟是哪種程度的UNIQLO重度使用者。
>
> 只不過，不管我在UNIQLO的網站上怎麼找，都查不到平均每位顧客的營收等資料。有沒有什麼方法可以知道呢？

✎ 看見那些別人「看不見的數字」

「@變換」的力量不僅可以把數字置換成自己的事，也可以使用在像這個問題一樣的「推測」上。

在這個案例中，我們先來看UNIQLO的全年營收。雖然UNIQLO的海外營業額已經超越日本本土，但光是日本國內UNIQLO事業的全年營收，就已經高達約8,426億圓（2020年9月至2021年8月的實績）。

另一方面，日本的人口大約有1億2,000萬人，考量到計算上的難度，再加上當然不是每個人都住在UNIQLO門市附近，所以就概略用1億人來做@變換吧。

換算下來，平均每人的全年消費額是8,400圓左右。

雖然UNIQLO的品項豐富，但假設購買單價為1,500圓好了，套用@變換後，就會得到以下結果：

8,400圓（平均每人消費額）÷1,500圓（購買單價）＝5.6

換句話說，計算出來的結果是，平均每人全年會購買5到6項商品。

雖然純粹是想像的，但由此即可窺見，消費者大約每兩個月會去一趟UNIQLO購買一項商品，或者是在春天、秋天等季節變換之際，一次買足2到3項商品的模樣。大概就是在夏天前購買印花T恤，冬天前購買HEATTECH等防寒衣吧。

● 如果將 UNIQLO 做 @ 變換的話……

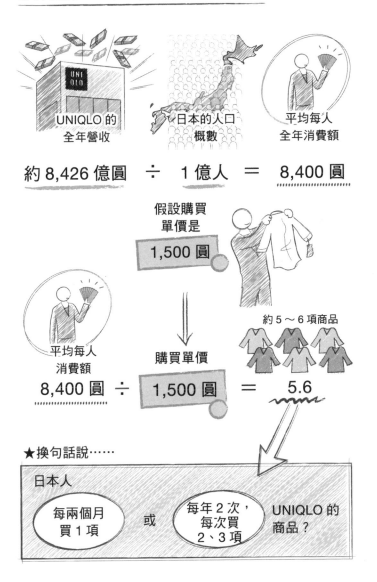

約 8,426 億圓　÷　1 億人　＝　8,400 圓

假設購買
單價是

1,500 圓

平均每人
消費額

8,400 圓　÷　1,500 圓　＝　5.6

購買單價

約 5～6 項商品

★換句話說……

日本人

每兩個月
買 1 項

或

每年 2 次，
每次買
2、3 項

UNIQLO 的
商品？

當然，這純粹只是推測而已。算式中的數字也只是假設的數字。

如果你認為預設顧客數 1 億人有點太多的話，也可以改用 8,000 萬人來計算，那麼全年購買數量就是 7 項。因為前面計算出來的年均購買數是 5 到 6 項，所以差異也不算太大。

據說 UNIQLO 的 App 會員數目前已經突破 3,000 萬人。如果假設有 2.5 倍的潛在使用者，也就是大約 8,000 萬人的話，或許也還是一個合理的數字。

好的，回到本節一開始的問題吧。

如果你一年平均購買 5 到 7 項 UNIQLO 商品的話，恐怕只能算是「極其普通的使用者」吧。然而，假如你每個月購買 1 項商品，單價也相當於（或超過）1,500 圓的話，你是「重度使用者」的可能性恐怕就比較高了。

對於這個數字，可能也有人會批評說：「完全荒腔走板！」或許跟實際的數字大相徑庭，不過像這樣進行 @ 變換以後，就可以建立「那麼是哪個部分荒腔走板？」的討論基礎。這是很重要的環節。

✍ 「費米推定」是怎麼估算的？

相信也有很多人聽過「費米推定」一詞。

這是運用邏輯思考來概算出難以正確掌握或預測的數值，由於義大利裔物理學家暨諾貝爾獎得主恩里科·費米（Enrico Fermi）是這方面的佼佼者，因此用他的名字來命名。後來因為被使用在顧問公司的求職測驗中而廣為人知。

眾所皆知的問題像是：「芝加哥有多少鋼琴調音師？」

求解的方式有很多種，例如先估計芝加哥的人口約有300萬人，並假設每戶家庭的平均人數是3人左右。然後如果認為平均每5戶就有1戶家裡有鋼琴的話，即可推測芝加哥的鋼琴數量為20萬台。

接下來，假設平均每年需要調音一次，而調音師每天平均能調音的數量為3件，一年如果工作250天的話，全年就是750件。

20萬台鋼琴除以1人750件的話，就是270人左右。

也就是說，芝加哥的鋼琴調音師共有270人。我們可以做出以上的推測。

費米推定講求的並不是結果的正確性，而是能不能夠建立符合邏輯的路徑來思考答案。

而且正如各位所察覺到的，此處使用的手法就是「@變換」。

現在這個時代，任何數字只要上網一查就能找到答案。

不過這個時代真正講求的能力，是「能夠回答出網路上找不到答案的問題」。因此，建立假說並提出數值來探討「會不會是這樣」，便成了一種不可或缺的能力。

而「@變換」就是其中的第一步。

1-5 小心「平均值」的陷阱
——數字會說話，但別讓它騙了你

✍ 「@變換」與「平均」絕非萬靈丹

前面談到的是平均與@變換的效能。

不過平均當然不是萬能的。

對於以下的問題，你會如何回答呢？

> **Q** 前幾天在看電視時，我發現某個廣告頻繁播放，有5
> 位使用了瘦身膠囊的體驗者在談論其效果。根據廣
> 告內容，據說使用了該膠囊以後，所有人的平均體
> 重減少了5公斤。
> 當我一邊心想：「原來如此，看來似乎有效果！」的
> 同時，腦中又不免懷疑：「這是真的嗎？」
> 雖然看起來好像有效，但又覺得沒有被完全說
> 服……請問如果是你的話，會如何說明這種不太對
> 勁的感覺呢？

這種廣告真的很常見。儘管心裡想的是：「嗯？真的嗎？」但只要同樣的廣告一而再、再而三地播放，人們就會漸漸地渴望擁有那項商品，這就是人性。

那麼，我們就來揭穿這種感受背後的真相吧。

假設5人的體重增減如下：

A某→減少4公斤

B某→減少3公斤

C某→減少6公斤

D某→減少5公斤

E某→減少7公斤

這樣5個人平均下來就是減少5公斤。

4公斤＋3公斤＋6公斤＋5公斤＋7公斤＝25公斤

25公斤÷5人＝5公斤

如果是這樣的話，的確會覺得「大家的體重都有確實地減少」。

不過，如果5人的體重增減如下的話，情況又會如何呢？

A 某→增加 1 公斤

B 某→減少 7 公斤

C 某→增加 2 公斤

D 某→減少 4 公斤

E 某→減少 17 公斤

在 E 某成功達到減輕 17 公斤壯舉的同時，反而有 2 人體重增加了。不過計算下來，這一組人的平均同樣也是減少 5 公斤。

相信這樣一比較下來你就會知道，同樣是平均減少 5 公斤，但給人的印象卻截然不同。

沒錯，樣本少的話，平均就會有偏差。

那麼究竟要有多少樣本才算夠呢……？這個部分請讓我留到第 4 章再進行講解。

根據平均值所做的判斷有誤差時……

好的，接下來請思考看看以下這個問題。

Q 在住宅建築商擔任銷售人員的我，經過計算後得知，客戶的平均年收入剛好是700萬圓，因此我展開了適用於年收入700萬圓者的新服務，沒想到竟然毫無成效，究竟是哪裡出了問題呢……？

為了解開這個問題，請先回想我在第36頁提到的案例：

你是住宅建築商的銷售人員，今天共有6位客戶上門來諮詢，每位客戶的年收入分別為300萬圓、400萬圓、400萬圓、900萬圓、1,000萬圓、1,200萬圓，請問今天到訪的客戶平均年收入是多少？

在這個案例中，客戶年收入的平均值為700萬圓。

不過正如各位所看到的，實際上年收入700萬圓的人一個也沒有。

如果根據這項數據，考慮「展開適用於年收入700萬圓者的服務」的話，結果會如何呢？

適用於年收入700萬圓者的服務，對於年收入300至400萬圓的人來說，恐怕會覺得有點昂貴吧。另一方面，

對於年收入 1,000 萬水準的人來說，也肯定不會太有吸引力。

換句話說，若根據偏差數據導出的平均來思考商業計畫，就有可能落入意想不到的陷阱之中。

世界上到處都是平均值，希望各位在看到平均值時，務必要養成思考：「那個數字有沒有偏差？」或「樣本量夠不夠？」等問題的習慣。

為了「不被數字欺騙」，相信這會成為一種最好的思維訓練。

1-6 認識「平均值」與「中位數」
—— 世界上的財富分配不均是真的嗎？

> **Q** 前幾天我在網路新聞上看到有關日本人年收入的統
> 計調查，結果發現我的年收入（420萬圓）比同年齡
> 層的30歲前半男性平均收入還低。說真的，我一直
> 以為自己比平均還高一點，所以感到非常驚訝。
> 只是我觀察一下自己的周圍，感覺並沒有差到那麼
> 多。難道我真的是「失敗組」嗎……？

破解年收入的迷思

「年收入」是大家最愛的話題。不僅是網路新聞而已，
應該也有很多人只要看到廣告上跳出「年收入」的字眼，
就會不自覺地點擊進去吧。

關於日本人的平均年收入有好幾種數據，但根據國稅
廳公布的「令和2年民間薪資實態統計調查」顯示，目前
日本人的平均年收入約為433萬圓。

若從年齡層來看的話，30歲前半的男性是458萬圓，30歲後半則是518萬圓。以這個問題的主角是男性來想的話，的確，這個人的年收入似乎比平均低了40萬圓左右。

不過在觀察周圍的人時，年收入420萬圓比「平均還低」的說法實在令人難以接受，則是這個人的實際感受。

若從結論來說，這個人的實際感受是正確的。

前文提到，如果樣本量少的話，平均就沒有意義。不過這是國家進行的調查，所以樣本量應該很充足才對。

這個案例適用的是另一個問題點，也就是「如果數字有太多極端案例的話，平均就變得毫無意義」。

在這種情況下可以派上用場的，就是「中位數」。

✍ 從「有薪假消化率」來思考

為了說明中位數的概念，我們同樣用人數較少的切身案例來思考，只是這次的人數稍微多一點。

近來在勞動方式改革的推波助瀾下，似乎有愈來愈多企業開始在意員工的加班時數或有薪假消化率。說不定你

的公司也有下達類似「達成〇〇％有薪假消化率」的命令。

　　此處先假設某個部門共有9名成員，公司給的有薪假日數則為10天。公司要求的目標為50％的消化率，亦即平均每人休假5天就會達成50％的目標。

　　假設等到期末統計時，結果剛剛好是50％好了。因為順利達成目標，所以大家可以暫時鬆一口氣了。

　　不過請稍等一下，萬一其中有一個人「不只用掉當年的有薪假，連過往累積下來的有薪假也全部請好請滿」的話，情況又會變得如何呢？那就會像以下這樣：

　　A員工：5天

　　B員工：2天

　　C員工：0天

　　D員工：0天

　　E員工：8天

　　F員工：20天

　　G員工：5天

　　H員工：2天

　　I員工：3天

這樣計算下來，平均有薪假消化日數就是5天。

只是，相信此處不用特別點明，各位也會察覺到哪裡怪怪的吧。因為其中有些人的有薪假消化日數為零，但也有人請了20天的有薪假。

在這種情況下，也有一種思考法是先排除極端數字，再取平均值。花式滑冰的計分會刪除最高分與最低分來計算，就是出於相同概念的思考法。

不過，究竟怎樣才算是極端數字呢？到頭來還是由個人的主觀來判斷。

用中位數來取代平均值

因此，如果想要得到更接近實際感受的數字，就要尋求「中位數」。

所謂的中位數，就是當所有人依序排列時，剛好位在正中間的人所顯示的數值。在這個案例中，因為是9人的團隊，所以指的就是剛好「從上數來與從下數來都是第5個的」那個人。

在這個情況下，中位數就是「3」。這樣一來，消化率就是30%。我想這個數字，反而是更符合實際感受的數值。

● 中位數與平均值

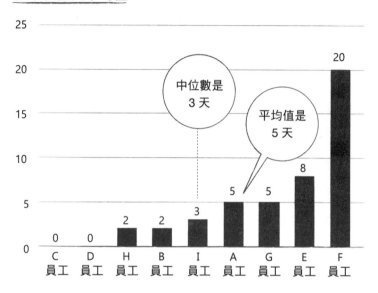

話說回來，在其中某些人有可能出現極端數字的情況下，本來就不可以把目標設定為「平均值」。

附帶一提，根據日本勞動基準法的修訂，自2019年4月1日起，企業必須讓員工取得一年5天的有薪假，否則會被處以罰則。就算平均日數是5天，也不能有任何一人未休滿5天。

換句話說，目標應該要設定為「5天」這個明確的數字，既不是平均值，也不是中位數。

你是勝利組還是失敗組？

好的，回到一開始「日本人的平均年收入」話題吧。

其實年收入或資產存在著嚴重分配不均的現象。

相信也有人聽過這樣的說法吧，就是「世界上將近一半的財富，都掌握在僅占世界人口1%的富裕階層手裡」。雖然關於這個數值的可信度似乎眾說紛紜，但世界上的財富分配不均恐怕是許多人都承認的共識。

雖然相較於歐美，日本的貧富差距據說是比較小的，但應該很多人都有感覺到貧富差距正逐年擴大。

嚴格來說，財富（資產）與年收入（收入）是不同的，但後者同樣存在巨大差距也是事實。因此，在求取年收入的平均值之際，勢必會拉高到超過實際感受的程度。

綜上所述，我們就來看看日本男性的年收入「中位數」好了。雖然有各式各樣的數據，但假設統計數字是像下面這樣子好了：

30歲前半：330萬圓

30歲後半：367萬圓

也就是說，如果把30歲前半的日本男性按照年收入多寡依序排列，在正中間那個人的年收入就是330萬圓。

　　前述的數字似乎不包含獎金，但我們應該可以推論，前面問題中出現的人，即使年收入420萬在平均值以下，但從順序上來說，依然是屬於「前半段」的一員。

　　雖然我不喜歡使用「勝利組」或「失敗組」這種形容詞，但假如高於正中間的人叫做勝利組，比那低的人叫做失敗組的話，那麼年收入420萬圓就是屬於勝利組。

　　想要大致掌握整體樣貌時就使用「@變換」，但如果對於變換的結果感到不太對勁的話，就試著藉由確認「中位數」的方式，做更進一步的思考。我想只要像這樣區分使用就可以了。

第 **2** 章

工作與人生是靠「機率」在決定輸贏的嗎？

——關於情境規劃與漏斗

> **Q** 玩一個擲硬幣的遊戲，連續擲硬幣2次，如果2次都
> 出現正面的話，即可獲得100圓。請問贏得遊戲的
> 機率大約是多少？

✍ 隨著次數增加，一切會愈來愈趨近機率

抱歉，又是一個簡單過頭的問題。由於這一題也不是陷阱題，因此只要按照一般的方法計算即可：

第一次擲出正面的機率

$1 \div 2 = 50\%$

第二次擲出正面的機率

$1 \div 2 = 50\%$

2次都擲出正面的機率

$50\% \times 50\% = 25\%$

答案是25％。也就是說，4次裡面會有1次的機率贏得遊戲。

話雖如此，假如連續玩這個遊戲4次，有可能1次也沒贏，也有可能贏2次、3次，甚至是全贏。

不過，當重複玩遊戲的次數愈多，機率應該會愈接近這個計算出來的數字才對。如果玩到1萬次的話，贏得遊戲的次數應該會極其接近四分之一，也就是2,500次。

此處想要強調的是，世界上幾乎所有事物，都是按照這樣的統計學原理在運作。

即使乍看之下是隨機的，但隨著試驗的次數增加，就會逐漸趨近那個必然的機率，這就叫做「大數法則」。

✍ 那次成功，是否只是「歪打正著」？

由此我們可以得到兩個教訓。

第一，是任何事情都應該先思考有多少成功機率以後，再採取行動。因為如果為了很低的可能性而賭上一把、採取行動，即使一開始碰巧歪打正著，最終也還是會回到必然的數值。

商場可不是賭場，為了長久經營下去，一開始先思考

機率是必不可缺的動作。

至於第二個教訓則是,「一開始沒有按照預期的發展也不要著急」,因為即使是機率應該為50％的擲硬幣遊戲,也有可能連續3次、4次都只出現正面或反面。從機率上來說,連續3次出現同一面的機率是12.5％,連續4次則是6.25％。這絕對不是什麼稀奇的數字。

不過,人在持續失敗的情況下,自然會感到焦慮,即便是再努力一下或許就能看到成果的狀況,仍然會想要收手,這是一件非常可惜的事。

🖎 從機率可以導出「期望值」

好的,這裡還有一個名詞,是我希望各位記住的,那就是「期望值」。

也就是把機率轉化為「1次試驗所能夠得到的預期」的數值。

在前面的遊戲中,規則是擲硬幣2次,如果連續2次都擲出正面的話,就能獲得100圓,其他情況則是0圓。

這種情況下的期望值,可由以下的計算式求得:

連續2次出現正面的機率25％×100圓＝25圓

期望值是「25圓」，也就是說我們可以預測「挑戰這個遊戲的話，應該會得到25圓」。

或許一開始會連續得到幾次100圓，或者也有可能一直都是0圓，不過隨著擲硬幣的次數增加，可以得到的平均金額應該會逐漸趨近25圓才對。

如果這個遊戲的參加費是「20圓」的話，結果會如何呢？應該是參加愈多次，得到的錢也會愈多吧。另一方面，假如參加費是「30圓」的話，錢就會隨著參加次數增加而逐漸減少。

🖊 用賭骰子來思考期望值的話……

或許有人會想「那也是理所當然的吧」，但是當數字愈是複雜，就愈難看出期望值。

接下來，我們來想想看使用骰子賭博的情況好了。

假設有一種擲骰子的賭博，擲到多少點，就能得到點數乘以1萬圓的金額，擲到1就是1萬圓，擲到2就是2萬圓，擲到6就是6萬圓。

假設骰子是由機器來擲的,因此無法作弊。骰子每個點數出現的機率都是六分之一。期望值的計算如下:

1/6×1萬圓＋1/6×2萬圓＋1/6×3萬圓＋1/6×4萬圓＋1/6×5萬圓＋1/6×6萬圓＝3.5萬圓

1/6×1萬圓代表的是「出現1的情況」,1/6×2萬圓代表的是「出現2的情況」。把這些數字全部加總起來,就可以算出期望值。

此例中的期望值是「3.5萬圓」,也就是3萬5,000圓。

換句話說,如果這場賭博的參加費是3萬圓,那麼只要持續參加就能穩賺一筆(但中途手邊的錢不夠繼續玩的話另當別論)。另一方面,假如參加費是3萬6,000圓的話,就算一開始有贏錢,後續玩愈多場就會損失愈多。

順帶一提,全世界所有賭博遊戲幾乎都是設計成「期望值比投資金額還低」的形式。這也是理所當然的,如果有投資金額比期望值還低的賭博,那麼不管誰去賭都能想賺多少就賺多少,這樣一來賭場營運就無法成立了。

那究竟為什麼人要賭博呢?想必是為了購買「說不定

會賺錢」的興奮感吧。

如果是賭博的話，或許可以賭上少少的機率來追夢，但這在商場上可是大忌。在商場上必須確實計算機率，並根據機率行事才行。因為最終的結果有可能對員工、利害關係人或社會大眾造成嚴重的困擾。

🖉 如何在商場上活用期望值？

若要將期望值活用在商場上，你可以想到什麼樣的方法呢？

請試著思考以下的問題：

▶▶ **Q** A某在汽車製造商從事行銷工作，現在團隊正在討論該在預算內採取什麼樣的廣告活動。

從過去的經驗上來看，電視廣告很少出現嚴重的失敗，估計可以達到1,000萬圓的廣告效果，最壞的狀況也有500萬圓的效果。

另一方面，最近網路廣告也備受關注。雖然以往做過的網路廣告成功機率一半一半，但它的特徵是成

功的話會帶來相當好的效果。廣告效果最多可達2,000萬圓，但如果失敗的話，也可能只有300萬圓左右，成效比電視廣告還低。

公司內部的意見紛紜，處於左右兩難的狀態……這種時候究竟該如何思考才好呢？

話不多說，直接來計算看看期望值吧。

此例中的廣告效果，你可以將之想成是廣告活動帶來的營收推升效果（廣告所創造的營收），這麼一來就容易理解多了吧。舉例來說，假如要採行的是可以用促銷價格購買商品的廣告活動，問題就在於是要用電視廣告來公告周知，還是要用網路廣告來公告周知。

由於電視廣告「很少出現嚴重的失敗」，因此就假設「成功率為75％」好了。成功的話估計會增加1,000萬圓的營收，失敗的話則是500萬圓，根據這樣的條件就能計算出以下的期望值：

1,000萬圓 ×75％（成功的情況）＋500萬圓 ×25％（失敗的情況）＝875萬圓

● 期望值的思考法

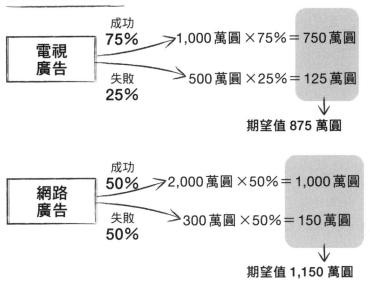

另一方面，網路廣告的成功率則是「一半一半」，因此成功與失敗都用50％來計算。計算下來就會是這樣：

2,000萬圓×50％（成功的情況）＋300萬圓×50％（失敗的情況）＝1,150萬圓

綜上所述，如果單純用「期望值」來看的話，網路廣告會更勝一籌。

此外，如果能夠看見期望值的具體金額，也就能夠看見這個廣告活動可以使用多少預算。例如廣告成本、促銷價格的設定等等，必須將預算拆解開來思考才行。

🖋 重點是要建立「可供討論的基礎」

此處提到的機率完全是假設的，能夠獲得的廣告效果也是推定的。相信也有很多時候，結果是落在中間的位置，而無法單純地切割成「成功的話是1,000萬圓，失敗的話是500萬圓」等等。

不過這裡的重點是「建立討論的基礎」。即使是假設的也可以，唯有提出具體的機率與數字，團隊才能夠進一步討論下去。

比方說，假設有人看到這個數字以後，主張說：「電視廣告的成功率應該更高一點才對，至少85％跑不掉。」那麼如果根據這個主張去計算的話，就會變成這樣：

1,000萬圓×85％（成功的情況）＋500萬圓×15％（失敗的情況）＝925萬圓

這個計算結果顯示，即使是這樣，網路廣告的效果還是比較高。

另一方面，假如有人主張說：「就算網路廣告成功了，真正『爆紅』的機率頂多5次裡面才有1次吧。」這種情況下，我們就可以用「爆紅時是2,000萬圓」、「小成功時是1,200萬圓」來計算。

2,000萬圓×10%（5次裡面有1次的「爆紅」）＋1,200萬圓×40%（5次裡面有4次的「小成功」）＋300萬圓×50%（失敗的情況）＝830萬圓

這樣一比較之下，就變成電視廣告的期望值較高了。

如果沒有這些數字的話，就只能單純憑感覺或個人喜好互相爭論著「電視廣告比較好」、「不，網路廣告才是未來的趨勢」而陷入膠著的討論中。即使是假設的也沒關係，只要提出機率並計算期望值，就能讓相關的討論更往前進一步。

學會先用「機率」描繪出情境

Q 你是汽車公司的行銷負責人，上司指示說要增加
2,000輛新車的銷售數，你照著指示制定行銷計畫，
並將之呈報給上司。杞人憂天的上司看了以後，不
斷向你確認說：「這個計畫絕對會順利吧？」但世上
哪有什麼絕對的事……請問你究竟該如何回答才是
正確答案呢？

什麼是「情境規劃」？

不僅商場上是這樣，其實全世界都沒有什麼「絕對」
的事。儘管如此，總有許多上司會態度強硬地問道：「絕
對沒問題吧？……真的可以吧？」

不過，老是坐望興嘆也不是辦法。這裡我們也運用統
計學來回答看看吧。

此處可以派上用場的，就是「情境規劃」（Scenario

planning）。

　前一節中針對有多少廣告效果的問題，是先提出大概的機率以後，再計算出期望值。基本的思考方式大同小異。

　舉例而言，假設在過往經驗上，有過「相當順利」的措施好了。所謂的「相當」究竟是百分之幾，要先將之化為數值。

　調查過去的相同措施也是一個辦法，而某種程度上用「直覺」來決定也沒有問題。然後，如果已經有了眉目，知道「10次裡面約有8次成功」的話，就可以先假設「成功機率為80％」。

　以這個案例來說，就是將自己設計的措施大概有多少的成功率，用客觀的角度數值化。

　如果只有「有相當高的機率會很順利」、「一半一半」或「有點困難」等定性預測的話，還是可以先抓一個大概的數字將其數值化。

　這裡先假設「成功率七成、失敗率三成」——重點在於預先描繪「再下一步」的情境。

　請見下圖。

首先要像這樣區分成「樂觀情境」與「悲觀情境」。所謂的樂觀情境，即成功情境，也就是達成計畫中的2,000輛或更多銷售數的未來。達到這一步的機率為七成。

　　另一方面，悲觀情境則是一個並未完全達成目標的未來。我們認為這個未來降臨的機率為三成。

　　接下來才是最重要的，那就是分別思考樂觀與悲觀情境的「下一步」。

● 新車銷售活動的 2 種情境

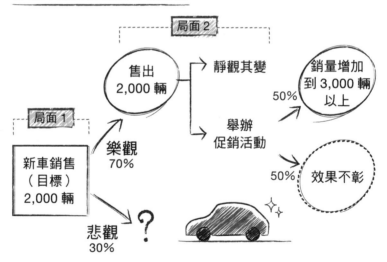

★受到決策與運氣左右的情況要區分開來

相較於樂觀，重要的是「悲觀情境」

在順利朝樂觀情境發展的情況下，我們可以選擇靜觀其變，或者進一步舉辦促銷活動——在這種情況下，估計促銷成功與失敗的機率是一半一半，因此可再往下細分為「達成3,000輛以上」與「效果不彰（依然是2,000輛）」的情境。

更重要的是「悲觀情境」。

人往往會恐懼失敗更甚於成功，組織也不例外。組織面對失敗的反應，永遠大於面對成功的反應。當一切順利時，沒有人會多說什麼，但一旦事情朝難看的方向發展，就會被要求提出說明：「現在要怎麼辦……你能負責嗎！」這些都是見怪不怪的事。

除此之外，當成果不如預期時，人往往會陷入停止思考的狀態。當愈是盡心盡力制定的計畫，或愈是深信會成功的計畫，結果卻不如預期時，人們的腦袋就會一片空白。

若想避免這件事情發生，就必須從一開始就預先想好：萬一事情發展不順利時該怎麼辦？換句話說，就是先做好萬一發展為悲觀情境時的模擬。

如此一來，即使在危急關頭也能夠處變不驚地採取行動，而不會陷入停止思考的狀態。

✒ 假設的也可以，先提出「機率是多少」再說

在這種情況下，假設有兩種方案好了。

第一種是「大幅降價」。

假設這在過去約有80％的機率是成功的。如果順利的話，營收會增加到1.5倍，但報酬率勢必會降低。

此外，即使大幅降價，也還是有20％的機率是毫無效果的。在這種情況下，報酬率降低加上效果不彰，損失會變得非常大。

第二種是「推銷活動」。

這種方案的成功機率有50％左右，假設成功的話，營收會增加到1.5倍。雖然效果或許沒有降價來得好，但失敗時的損傷可以說是比較小的。

全部彙總下來可以得到次頁的圖。

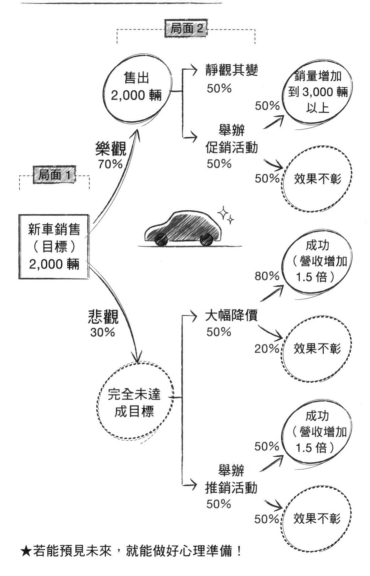

● 新車銷售活動的情境（彙總）

局面 2

售出
2,000 輛

靜觀其變
50%

銷量增加
到 3,000 輛
以上

50%

舉辦
促銷活動
50%

50% 效果不彰

樂觀
70%

局面 1

新車銷售
（目標）
2,000 輛

悲觀
30%

完全未達
成目標

成功
（營收增加
1.5 倍）

80%

大幅降價
50%

20% 效果不彰

成功
（營收增加
1.5 倍）

50%

舉辦
推銷活動
50%

50% 效果不彰

★若能預見未來，就能做好心理準備！

若能看見全貌，就能推算「失敗機率」

好的，這樣就能勾勒出整體樣貌了。我們再重新彙總一下成功機率與失敗機率吧。

- 一開始很順利，追加措施也很成功，營收達到3,000輛以上的「大成功」機率：

  $70\% \times 50\% \times 50\% = 17.5\%$

- 姑且能夠達成目標2,000輛的機率

  A. 一開始很順利，後續靜觀其變的情況：

  $70\% \times 50\% = 35\%$

  B. 一開始很順利，但追加措施毫無效果的情況：

  $70\% \times 50\% \times 50\% = 17.5\%$

- 未能達成目標，但能夠勉強彌補的機率

  靠降價來彌補：$30\% \times 50\% \times 80\% = 12\%$

  靠活動來彌補：$30\% \times 50\% \times 50\% = 7.5\%$

- 完全失敗

  A. 一開始遭遇挫折，大幅降價也不順利：

  $30\% \times 50\% \times 20\% = 3\%$

  B. 一開始遭遇挫折，推銷活動也不順利：

$$30\% \times 50\% \times 50\% = 7.5\%$$

最後的結果彙總如下：

- 大成功的機率：17.5％
- 成功：52.5％
- 勉強彌補：19.5％
- 失敗：10.5％

怎麼樣呢？

以完全失敗告終的情境，就是在最初階段落入悲觀情境，之後靠大幅降價與推銷活動刺激都毫無效果的時候，這個機率約為10％。

回到一開始的問題。

當被上司問到「絕對沒問題嗎」的時候，你可以回答：「有九成機率會成功，但也有一成的風險。」若上司追問這個根據怎麼來的話，就按照前文的情境來說明。這樣一來，上司對於「世上沒有絕對的事」，想必也不得不接受吧。

📝 檢視整個計畫的「期望值」，你就會發現……

順帶一提，我們也可以按照這個情境去計算「期望值」。

假設在可以勉強彌補的情況下是售出「1,700輛」，失敗則用「1,200輛」來計算好了：

- 大成功：3,000 輛 × 17.5％ ＝ 525 輛
- 成功：2,000 輛 × 52.5％ ＝ 1,050 輛
- 勉強彌補：1,700 輛 × 19.5％ ＝ 332 輛
- 失敗：1,200 輛 × 10.5％ ＝ 126 輛

  總計：2,033 輛

儘管數量不多，但期望值還是稍微高於目標。

雖然實際上會希望得到再高一點的數字，但這個計畫姑且可以說是「成功機率比較高的行銷計畫」。

2-3 | 職場上好用的「555漏斗」

Q 敝公司專為企業提供培訓服務。對於最近的業績下
滑，作風老派的 A 課長與凡事講道理的 B 課長為了
業務方針而針鋒相對。

A 課長堅稱：「現在的年輕人不知道什麼叫跑業務，
推銷的客戶數量應該要加倍才對。」

另一方面，B 課長的意見則是：「提案後的商談締結
應該要提高精準度才對，透過教育與工具的導入讓
成功率倍增是不可或缺的。」

兩者之間究竟誰才是對的呢？

✍ 頂尖業務都會思考銷售漏斗

正如〈序章〉所述，如今在商場上講求的是「用數字
說話」。例如說到「更多」時，就要用數字來表示「具體
而言究竟是『多』多少」？

舉例來說，如果在業務現場提到「多增加一點拜訪件

數」的話，就要具體決定該多跑幾家客戶。如果說到「再提高一點商談締結時的成功率」的話，就可以說要把現在40％的成功率提高到50％等等。

雖然作風老派的業務員好像會說：「別囉哩囉嗦的，做就對了。」但其實業務更是一份「用數字說話並且看數字行動的工作」。

這裡有個用詞希望各位務必學會，那就是「漏斗」。雖然這個詞本身早已存在，但這幾年隨著電子商務急速發展而頻繁為人所用。

「漏斗」的意思是：將事業進度按照步驟拆解，並分別計算其機率。

舉例而言，假如先透過郵件寄送新商品的簡介給100家客戶，其中有20家回覆說有興趣，接著親自拜訪那些人並提出詳細說明以後，有10家公司會向內部請示，最後在商談締結階段，有5家公司決定採用你的商品。這種情況就會構成「100家→20家→10家→5家」的漏斗。

由於案件數量隨著每個步驟愈來愈少，模樣就像入口由寬而窄的漏斗形狀一樣，因此命名為「漏斗」。

這種思考法本身是舊有的東西。有能力的業務員無論

是否對此有所意識，都會思考「要獲得新客戶還得再跑10家公司才行」等等，像這樣從機率倒推回去來採取行動。

將此數值化為明確的數字，就是所謂的「漏斗」。

突破業績高牆的機率是？

只要將這個漏斗明確地顯現出來，業務開發就會從賭博變成「科學」。

舉例而言，如果你所從事的業務是像前文那樣「100家→20家→10家→5家」的漏斗，那麼就可以計算出「每推銷20家客戶，就有1家會締約」。如果上頭指示說：「再去拿到10張訂單！」的話，倒推回去就知道再推銷200家客戶即可。

或者說，如果可以用一些手段讓回應郵件的客戶數量加倍的話呢？以往推銷100家，只會有20家回應，但若能增加到40家的話，締約率就會加倍。如此一來，即使推銷數為100家，預計也能達到10家的締約目標。

在進行業務活動之際，存在著幾道「高牆」。首先，如果對方給你吃閉門羹的話，就無法展開商談，即使提案

了也有可能遭到拒絕；有時覺得「十拿九穩」的案件，卻在最後的商談締結階段沒能通過對方公司審核，到了最後關頭才被取消。

所謂的業務活動，應該可以說是逐一突破這些高牆的活動吧。

而這個「突破高牆的機率」，就叫做「轉換率」（Conversion Rate）。

把各項數字乘以倍數的話……

好的，回到一開始的例題吧。

我們可以透過以下的流程來判斷兩位課長的意見。

- 收集向客戶推銷數、實際約訪數、考慮接受提案的數量等資料
- 計算各道「高牆」的突破率（轉換率）
- 配合那些比率導出自家企業的「漏斗」

此處為了化繁為簡，我們先假設業務流程共有「拜訪→提案→商談締結」3個步驟好了。

若假設每一道高牆的突破率各為50％的話，結果就會如下：

拜訪成功率（50％）×提案成功率（50％）×商談締結成功率（50％）＝商談締約率12.5％

嘗試8次約有1次會成功。也就是說，假設向100名客戶推銷的話，會有12或13件成功締約。可能有些人會覺得這個數字比想像中還低，但應該也有些人會覺得出乎意料地高吧。

由於突破率各為50％，因此稱之為「555漏斗」。

那麼我們先來看看，假如採取熱血課長的「加倍約訪」措施，會得到什麼結果呢？

200件×拜訪成功率（50％）×提案成功率（50％）×商談締結成功率（50％）＝25件

當然不用說也知道，締約數會加倍。

另一方面，如果是理性派B課長的「商談締結率加倍」

的話，結果又會如何呢？

100件×拜訪成功率（50％）×提案成功率（50％）×
商談締結成功率（100％）＝25件

不管是將拜訪件數變2倍，或是將商談締結成功率變
2倍，結果都一樣是25件。在具備計算能力的人眼裡看
來，「這也是理所當然的吧」。

● 555 漏斗

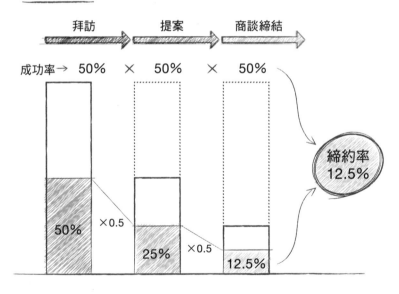

如果接受這個結果的話，答案就會是「A課長所言與B課長所言都一樣」。

✍ 「勤跑業務」其實才是正解？

不過……這裡請冷靜地思考看看，就算經過再多的訓練來加強提案力，真的有可能訓練到「商談締結成功率100％」的程度嗎？即使設計出再完美的推銷話術，也一定會出現不確定因素，例如上頭的方針突然改變、意料之外的開銷花光了預算等等。

此外，業務肯定會有適不適合的問題。不管把業務工具或商品力琢磨得再好，只要無法妥善傳達出去就毫無意義。光憑個人喜好覺得「不怎麼喜歡這個人」就做出決定的情況也比比皆是。

再說，此處一開始預估的商談締結成功率為50％，但如果是60％的話，情況又會變得如何呢？

若商談締結成功率加倍至120％，表示只要向10名客人推銷，就會有12名客戶購買，這怎麼想都不合理吧？

當然，如果是商談締結率實在太低，稍微努力一下就

能提高的話，那還另當別論，但如果單純就計算上的結果來說，A課長所說的「增加拜訪件數」才是正確的。

重點在於兩者所講求的是「傳達方式」，一種是用命令語氣說：「業務就是要給我勤跑現場才對！」一種則是傳達訊息說：「我們公司的業務漏斗長這樣，所以我希望能把推銷件數加倍。」傳達方式不同，業務員的接受度就會天差地別。

此外，如今也有各式各樣的業務方法可以運用，例如活用數位工具來讓推銷件數加倍等等。也就是說，也有改用頭腦與數位工具來取代雙腳的方法，這些都有助於增加推銷件數。

業務開發是很辛苦的工作，不僅三不五時遭到拒絕，還會累積壓力。為了提高成果必須做足準備，而且到頭來還經常得面臨白忙一場的結果。

相信在這種時候，如果有個能夠根據明確數字說：「只要做到這些，一定能夠達標！」的主管，肯定會為整個業務團隊帶來希望。

2-4 「335」是解讀新事物的關鍵密碼

> ▶▶ **Q** 我決定要在最近展開專門經手非洲雜貨的進口業務
> 了，不過由於沒什麼類似的案例，因此我完全不曉
> 得能夠賣出多少商品，請問能用統計學來窺知端倪
> 嗎？

✍ 切入新領域時要思考「335漏斗」

非洲雜貨這個領域還滿冷門的，如果有經手類似商品的商店或統計數據的話，應該可以從中做出一定程度的推測，但在這個案例中，似乎無法有太多的期待。

話雖如此，如果無法置入數字作為基礎的話，那就不是經營事業而是賭博了。

此處就來介紹在一定程度上可以廣泛適用的「漏斗」，那就是「335漏斗」。

在前面舉的企業對企業（B2B）案例中，使用的假設算式是：

拜訪成功率（50％）×提案成功率（50％）×商談締結成功率（50％）＝商談締約率12.5％

這就是「555漏斗」。

雖然純粹是假設的數字，但實際上在企業對企業的所謂「巡迴銷售」（Route Sales）世界裡，很多時候都很接近這個數字。

另一方面，此案例的主角打算展開的非洲雜貨進口業，可視為一種全新開發的業務。相較於已經建立起人際關係的巡迴銷售，全新開發業務的成功率當然會比較低。

一般來說，多半落在以下這樣的數字：

拜訪成功率（30％）×提案成功率（30％）×商談締結成功率（50％）＝商談締約率4.5％

這就是「335漏斗」。

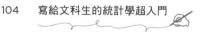

● 335 漏斗

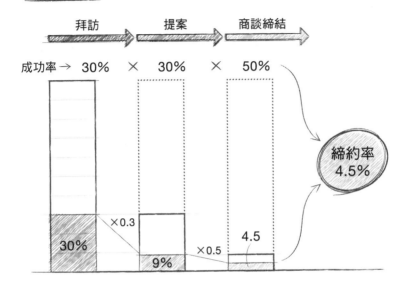

親自走訪直接見到客戶窗口，並且能夠提出具體提案的機率是三成；提案打動對方的機率也是三成；如果能夠走到這一步的話，剩下的商談締結成功率則會上升到五成，大概是這樣的感覺。

締約率大約是５％。比起前面的「５５５漏斗」是12.5％，可能性大幅降低。

開發新業務的最大困難點

順帶一提，這個數字在實際參與開發新業務的人眼裡看來，可能會想說：「即使如此，成功率還是算比較高的吧？」

其實在開發新業務之前，還有一堵高牆擋著，那就是「約訪」。雖說「335漏斗」的起點是從實際拜訪客戶開始的，但先找到客戶並成功約對方見面，才是這個工作最困難的地方。

假設約見客戶的成功率為10％，也就是試著約訪10次會有1次見到面好了，如此一來，前面的算式就會變成以下這樣：

約訪成功率（10％）×拜訪成功率（30％）×提案成功率（30％）×商談締結成功率（50％）＝商談締約率0.45％

締約率其實是0.5％。這個數字代表的意義是：每嘗試約訪200次，才會有1件締約。開發新業務就是如此困難的工作。

非洲雜貨可能銷售的對象是哪些地方呢？除了百貨公司與雜貨店，像是咖啡店之類的地方或許也有時尚軟裝的需求。話雖如此，如果是200件中才有1件的締約率，要是沒有大量的約訪對象清單，事情恐怕會有點棘手吧。

✍ 引起人們注意後，接下來就會發展成335

　　關於這個「335漏斗」有一個很有趣的事實，那就是世上有各式各樣的事物，都會構成像335漏斗這樣的數字。

　　舉例而言，像是零售店的銷售、網路上的直接銷售、郵購等等——首先，有興趣的人大約是30％，其中真正想要的人是30％，而實際採取行動購買的人是50％，大概就是像這樣。

　　如何？這樣看下來，還是不覺得「好像就是那樣」嗎？

　　如果按照古典行銷理論「AIDMA」模型來說明的話，就會像以下這樣：

A（Attention）：引起注意
I（Interest）：產生興趣（30％）

D（Desire）：激發欲望（30％）

M（Motivation）：產生購買動機

A（Action）：購買（動機與購買為50％）

正如前文所述，最困難的是Ａ（引起注意），但到了後續階段則會以意外高的335成功率發展下去。

我曾參與過銀行線上開戶、金融商品銷售、信用卡申辦促銷、保險銷售、使用電子雜誌的網購，或使用客服中心的直接銷售等專案，而無論是哪個專案，最後都很神奇地落在335漏斗的5％水準上下。

📝 陸戰受阻的話，還可以打空戰

好的，假如要推銷給企業有點困難的話，或許還可以考慮採取網路銷售的方式。對時尚雜貨有興趣的人應該有一定的客群，所以也可以試著針對那些潛在客戶投放網路廣告。

網路廣告（定向廣告）就好像約訪的行為一樣，順利的話說不定可以預期以0.45％的機率達成締約。

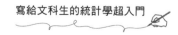

話雖如此，但這些領域與受眾皆不相同的眾多事業，究竟為何會落在同樣的機率範圍內呢？

　其實這不是什麼神奇的事，這也是統計學所推導出來的真理。這是什麼意思呢？我在下一章會為各位說明，關鍵字就是「常態分布」。

第 3 章

萬事萬物是「常態分布」構成的結果？

——關於解讀大局的「偏差值」

3-1 如果把「離差」數值化的話……

> **Q** 由我擔任導師的2班與由B老師擔任導師的1班，考試平均成績都是52分，幾乎沒有差異，但我卻被副校長質疑說：「跟B老師的班級比起來，你們班學生的成績離差太大了，是不是缺乏向心力呢？」這樣說來，班上好像確實分成成績好的學生一群，與跟不上進度的學生一群……請問該如何調查才好？

同班同學的成績差距很大嗎？

本書前面的章節主要是以「平均」的概念來講解內容，而這裡還有另一個事先了解的話，就會很方便的統計學知識，那就是「變異數」。

〈第1章〉提到平均值與中位數，我曾說過在資產或年收入等離差很大的數據中，平均值並沒有太大的意義。

那麼，什麼樣的數據叫「離差很大」，什麼樣的數據叫「離差很小」呢？

● 1 班與 2 班學生的分數

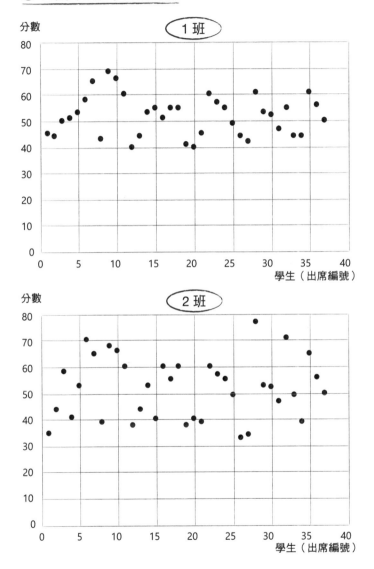

數量少的話，或許可以一目了然，但數量愈多的話，光用看的很難做出判斷。舉例而言，假設1班與2班學生的考試成績如前頁圖表所示，看起來怎麼樣呢？

結果確實會如副校長所說，感覺「2班的離差比較大」，但導師也會覺得那只是因為受到一部分成績極好與極差的學生影響，才會看起來如此。

那麼究竟該怎麼做，才能知道「是不是真的比較分散」呢？這裡可以派上用場的數值，就是「變異數」。

怎麼把「離差」數值化？

首先，我們把問題簡化思考看看。假設一個班級只有4位學生，每位學生的分數如下：

1班

A學生：40分

B學生：50分

C學生：50分

D學生：60分

● 計算離差

1 班

•D60分

•B50分 — •C50分 —————— 平均 50 分

•A40分

2 班

•D70分

•C55分

•B45分 —————————— 平均 50 分

•A30分

平均分數：50 分

2 班

A 學生：30 分

B 學生：45 分

C 學生：55 分

D 學生：70 分

平均分數：50 分

雖然兩個班的平均都是50分，但相信大家都會認為2班很明顯地「離差比較大」。問題是要如何用數字來表示這個事實呢？

　　如果想得簡單一點，好像只要逐一計算每個人跟平均分數差幾分，再把這些數字加起來即可。

　　只是直接這樣計算下來，會碰到一個問題，那就是答案會變成「0」。

1 班

A學生：40分－50分（平均分數）＝－10分

B學生：50分－50分（平均分數）＝0分

C學生：50分－50分（平均分數）＝0分

D學生：60分－50分（平均分數）＝10分

－10分＋0分＋0分＋10分＝0分

　　對於數字能力強的人來說，這或許是「連算都不用算」的問題。由於正數與負數混合在一起，因此才會導致這樣的結果。

　　總而言之，只要把A學生的「－10分」的負號去掉即可；而在統計學中，碰到這種情況就要計算絕對值，也就

是採取「平方」的動作。

各位還記得「平方」嗎？

把某個數字與同一個數字相乘，例如3的平方就是「3×3＝9」，5的平方就是「5×5＝25」，10的平方就是「10×10＝100」。

在前面的例題中，A學生與平均分數的差異是「–10分」；B學生與C學生的差異是「0分」；D學生的差異是「10分」。分別平方以後會得到；A學生「–10×–10＝100」、B學生與C學生「0×0＝0」；D學生「10×10＝100」。這樣一來，就能夠去掉正負號了。

如此導出來的合計數再除以樣本量，也就是學生人數的話，就能得到可以比較的數字。

1班的學生

A學生：40－50＝－10

       → －10的平方（－10×－10）＝100

B學生：50－50＝0 → 0的平方（0×0）＝0

C學生：50－50＝0 → 0的平方（0×0）＝0

D學生：60－50＝10 → 10的平方（10×10）＝100

合計：200

200÷4（學生人數）＝50

2班的學生

A學生：30－50＝–20 → –20的平方（–20×–20）＝400

B學生：45－50＝–5 → –5的平方（–5×–5）＝25

C學生：55－50＝5 → 5的平方（5×5）＝25

D學生：70－50＝20 → 20的平方（20×20）＝400

合計：850

850÷4（學生人數）＝212.5

　　這個數值較大者，代表「離差比較大」。由於2班的「212.5」比1班的「50」大，因此這樣就證明了「2班學生之間的分數離差比1班還要大」。

　　這個數值就叫「變異數」。

　　變異數＝（數據－平均值）的平方和 ÷ 樣本量

檢視各種數據的「變異數」

雖然這個例題經過簡化，但不管是什麼樣的數據，要做的事情都一樣。如果回到最初的例題，計算1班與2班所有學生的平均與變異數的話，就會得到以下的數值：

- 平均：皆為51.7分
- 變異數
  1班：57.2
  2班：132.6

果然不出所料，計算結果顯示2班的變異數比較大，由此可見這個班「考試的成績很分散」。

有很多學生會去補習班預先學習上課的內容，也有很多學生完全跟不上課程進度，也就是「連哪裡不懂都不知道」。會不會是這種狀況造成分數兩極的離差呢……？我們或許可以建立這樣的假說。

建立好假說以後，接下來只要進一步去證明即可。舉例而言，可以個別關照成績比較差的學生，這樣說不定可以減少離差，也可以提升班級的平均成績。

調查連鎖店各家門市營收的變異數、按照組別比較員工業績的變異數……像這樣用變異數來檢視周遭的數據，或許會讓你得到一些意外的發現。

🖊 釐清大局的好用工具──標準差

好的，在計算「變異數」這個數字時，會將數字相乘得到平方數，而要將相乘後的數字恢復成原來的數字，使用的則是「$\sqrt{\ }$（根號）」，也叫做平方根。

換句話說，兩者之間的關係是：

- 5 的平方 → $5 \times 5 = 25$
- $\sqrt{25} = 5$

不好意思，我明明宣告說只需要用到四則運算的，結果這裡卻出現了自打嘴巴的內容。

但其實這個根號的計算只要用 Excel 或計算機就可以簡單完成了。市面上所謂的「工程計算機」一定會設置根號，智慧型手機的計算機應用程式也很多都有設置根號。只要先輸入一個數字再按「$\sqrt{\ }$」鍵，立刻就會得到答案。

順帶一提，前面計算1班與2班的「變異數」，分別是57.2（1班）、132.6（2班）。

如果將這個數字開根號，就會得到這樣的結果：

- 1班：$\sqrt{57.2} = 7.563 \cdots\cdots$
- 2班：$\sqrt{132.6} = 11.515 \cdots\cdots$

這樣計算出來的數字稱作「標準差」。

詳細內容請容我留待後續說明，但如果用最簡略的方式來說的話，就是「分數落在離平均1個標準差範圍內的人，大約占了全體的七成左右」。

以1班來說，平均分數約為52分，標準差約為8，因此就是說有七成學生的分數，大約落在44分到60分之間。

以2班來說，平均分數也是52分左右，標準差則是12左右，所以會有七成學生的分數，大約落在40分到64分之間。

相信從這裡也可以感覺得出來，「2班分數比較分散」的事實。

● 什麼是標準差？

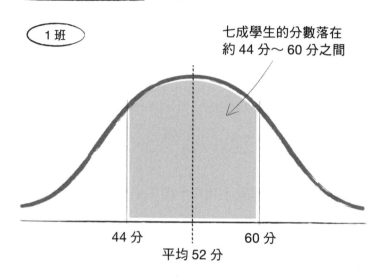

1 班

七成學生的分數落在
約 44 分～60 分之間

44 分　　　　60 分

平均 52 分

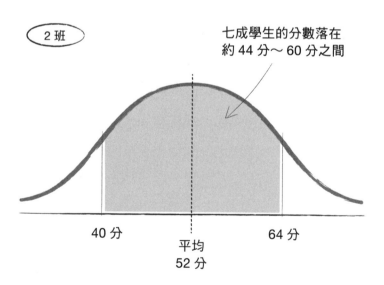

2 班

七成學生的分數落在
約 44 分～60 分之間

40 分　　　　64 分

平均
52 分

再說一次，「分數落在離平均1個標準差範圍內的人，大約占了全體的七成左右。」

是不是也有很多人聽到這句話以後，心裡想的是：「所以呢？」確實，光聽到這句話，我想大部分的人都不曉得該如何運用它才好。

不過這個標準差與延伸應用的「偏差值」，卻是極其有用的工具。懂得這些概念的話，你所看到的世界會變得截然不同。

詳細內容我會在下一節說明。

數據與組織都可用「常態分布」解讀

Q 你是電視製作公司的研究員，某次收到這樣的委託：「想請你幫忙尋找身高190公分以上的男性一般民眾。」日本成年男性的平均身高約為170公分，而比平均值還高20公分的人實在不多見，但委託人很樂觀地說：「應該馬上就能找到吧？」如果想告知對方這項委託有多困難的話，請問該怎麼做才好？

如何尋找身高190公分的長人？

除非是籃球或排球選手，一般生活中很難看到身高190公分以上的人。先不論平均身高較高的北歐好了，至少在我的記憶中，也從未在日本街上看過那麼高的人。

那究竟有多稀少呢？這次的問題其實就是要「將稀少的程度數值化」。

此時可以派上用場的，就是「常態分布」的概念。

● 常態分布

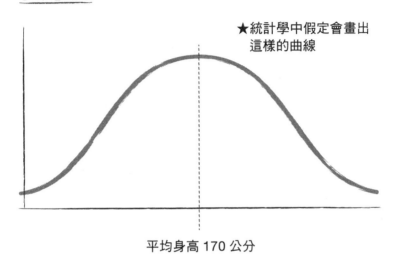

★統計學中假定會畫出
這樣的曲線

平均身高 170 公分

　　日本人的平均身高依年齡層而異，不過成年男性大概都是170公分左右。這個數字可以從日本總務省的網站上取得。

　　本來現實中就有各種身高的人，以170公分的平均身高為中心，有的人比較高大，有的人比較矮小。此處假設各種身高的人，就像上圖統計學中的「常態分布」一樣，圖中的橫軸代表身高的高矮，縱軸代表分布人數。

　　以平均身高170公分左右為中心，朝左右兩側逐漸減少數字並分散開來。175公分的人比170公分的人少，而

180公分的人又比前者來得更少。

好的，關於這張圖，相信各位已經注意到了，這與前面介紹「標準差」時的圖是相似的曲線。沒錯，那張圖所描繪的就是「常態分布」。

前文提到「落在離平均1個標準差範圍內的人，大約占了全體的七成左右」。更正確來說，是「68%」。

變換標準差可以讓你的目標變得更清晰

那麼，日本成年男性平均身高的標準差大約是多少呢？其實這個數字也公布在總務省的網站上。儘管數字因年齡而異，但大概都是「6」這個數字。

換句話說，68%的日本成年男性，身高落在164公分到176公分之間。

怎麼樣呢？環視一下你周遭的男性，是否大部分都落在這個範圍內？

順帶一提，如果是2個標準差（12）範圍內的話，就會包含全體的95%。換言之，有95%的人身高落在158公分到182公分的範圍內。

身高超過180公分的人雖然沒那麼多，但仔細找找或

 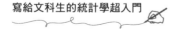

許還是找得到1個人左右，這是不是也跟實際感受差不多呢？

那麼，如果來到3個標準差（18）的話又會如何呢？此時，百分比就會來到99.7％。也就是說，有99.7％的人身高落在152公分到188公分之間。

計算到這個階段，就可以看出一開始的委託有多困難了。因為190公分的男性連3個標準差的範圍都搆不著。

也就是連續找1,000個人都不見得找得到的意思。況且這裡要求的還是「一般民眾」，所以也不可能從很多高個子的職業運動選手中去尋找。

如果還是一定得找到的話，究竟該怎麼做才好……？或許你可以考慮聯絡那些規模達到1,000人以上的企業或社區。至少透過人脈來尋找的方法肯定沒有著落，可能必須針對規模大到一定程度的組織進行地毯式搜尋才行。

若要回答一開始的問題，我想也可以這樣回答：「身高190公分以上的人，大概1,000人裡面只有1人而已，因此需要花很多時間尋找，不知道是否能夠給我更充裕的時間呢？」

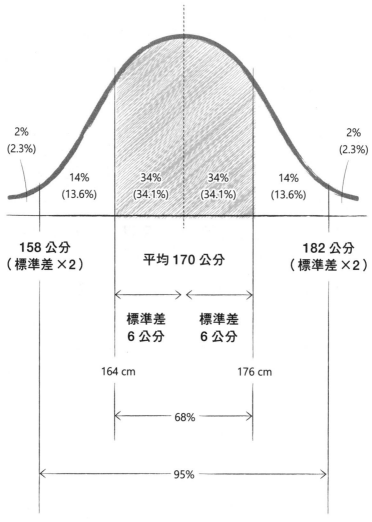

● 日本成年男性的身高分布

2%
(2.3%)

14%
(13.6%)

34%
(34.1%)

34%
(34.1%)

14%
(13.6%)

2%
(2.3%)

158 公分
(標準差×2)

平均 170 公分

182 公分
(標準差×2)

標準差
6 公分

標準差
6 公分

164 cm

176 cm

68%

95%

★標準差 ±1 的範圍內包含全體的 68%
　若是標準差 ±2 則包含全體的 95%

常態分布中的「2：6：2法則」

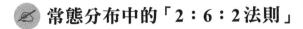

Q 在20名團隊成員中，有3人堅決反對公司內部的改革案。若連「稍微傾向反對」的人也包含在內的話，似乎有一半的人都持反對意見。當然，贊成者的比例也差不多，但……究竟該不該推動這項改革呢？

前文所說明的常態分布概念，完全是「統計學上如此假設」的概念。

不過有趣的是，世界上大大小小的事物或現象，都會呈現出接近常態分布的比例。若分析身高、體重、股價漲跌、自然現象的發生率等數據就會發現，實際上有極多事物都呈現這樣的分布。

說得誇張一點，宇宙萬物都是遵循著「常態分布」的法則在運行。

根據我個人的經驗，一個組織內上上下下的事情，大多也都按照常態分布的曲線分布。

各位有聽過「2：6：2的法則」嗎？不管是什麼樣的組織，都是由兩成優秀的人、六成普通的人，以及兩成能力不太好的人所組成，即使找來一大堆優秀的人，最後也還是會落在這個數字。這純粹是根據經驗法則，而非統計學分析得來的結果。

如果根據常態分布來思考，比例就會是「優秀的人占16％、普通的人占68％、能力不太好的人占16％」，這與「2：6：2」是相對接近的數字，看來組織似乎也是遵循著常態分布的法則在運行。

此外，在同樣的常態分布概念下，還會有2％「非常有能力的人」與2％「非常沒有能力的人」，這似乎也跟現實情況相去不遠。

為什麼「反對你的人」一定會出現？

身為企業重建顧問，我曾多次親臨陷入危機的企業第一線，協助投入重建的工作。面對突如其來的外部人士，有主動合作的人也有表現出強烈反抗態度的人，但多數人都是抱持「中立＝觀望」態度。

而這個比例也很接近常態分布，也就是贊成者占

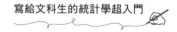

16％、反對者占16％、中立者占68％。若說改革取決於贊成者能否拉攏占壓倒性多數的中立者，恐怕一點也不為過。

這裡先回到一開始的問題好了。

在推展新事物或大幅改變策略時，果然很多時候還是會落在16％贊成、16％反對、68％中立這個比例。

如此一想，如果是有20名成員的組織，那麼就算有3名堅決反對者也不奇怪。如果是這樣的話，相信自己並努力推動改革，應該就是這個問題的答案。

不過，如果堅決反對者有5人的話呢？從常態分布的概念來思考的話，這個人數就稍微多了一點；如果有7人的話，在比例上就算相當高了。

當然，不是說因為很多人反對就一定得放棄，但或許可以把腳步暫停一下，重新仔細檢視一遍改革案。

✍ 如何應付那些極端反對者？

如果再進一步用常態分布的概念來看，那麼在2個標準差以外，也就是會有2％的「極端贊成者」與「極端反

對者」出現。

如果是有100名員工的企業，大概會有2人主張「堅決反對」，並試圖用各種手段來阻礙改革案。從我的經驗來看也是這樣的感覺。

這種「聲音大的人」非常棘手，因為如果置之不理的話，會造成整個組織都產生猜疑心理。

無論再怎麼善用統計學，也不可能把那2人變成0。但重要的是，要在預期「或許會出現採取極端行為的反對者」的前提下，事先建立好假說。如此一來，即可著手處理問題，而不必對反對派難以預期的妨礙手段感到焦慮。

🖋 人際關係也會呈現「常態分布」嗎？

如果將這個「常態分布」的概念應用在人際關係的各個面向上，將會看清楚許多事情。

舉例而言，如果把這個概念套用在人與人初次見面的印象上，那麼初次見面就有好印象的人為16%，反之印象不好的人也是16%，兩者皆非的則是68%這個數值。

也就是說，不管再怎麼努力，也無法讓16%的人對你留下非常好的印象。只要對此心裡有數，相信就不會再

為了人際關係過度煩惱了吧。

　　此外，前一章提到「世上所有事物，很多都會依循『335漏斗』在運作」。如果一開始就有16％的人對我們抱持好感，加上印象不好不壞的人（68％）之中，同樣也有16％左右的人願意接受最初的提案的話，相加起來也會是接近三成左右的數字。「第一階段成功率達到三成」這件事，也可像這樣用常態分布的概念來說明。

　　學會如何計算「變異數」或「標準差」，當然是一件求之不得的事，不過即使忘記計算方法，只要記得「世上很多事物都依循常態分布的概念在運作」，我想就能夠充分派上用場了。

3-3 需要「偏差值」的不只是學生而已？

Q 身為考生的孩子煩惱地說：「我明明可以考到偏差值60的程度，卻怎樣都無法再提高成績……」請問你會如何給予建議呢？

只要有人群的地方，就有偏差值

前面介紹的是「標準差」的概念，相信也有很多人看到「偏差」（譯注：標準差的日文原文為標準偏差）二字，會想到「是不是跟學生時期常用的偏差值有關？」

沒有錯，標準差與偏差值大有關聯。

不過不能否認的是，雖然大家都聽過偏差值一詞，但當被問到其意思時，回答不出來的人卻出乎意料地多。

如果要非常簡單地解釋偏差值的話，就是「表示自己在全體中落在哪個位置的數值」。

然後其背後的基本概念，就是本書目前為止所說明的「變異數」、「標準差」，以及「常態分布」。

偏差值60，代表排名在「前16%」？

與身高一樣，假設考試成績也是以「平均成績」為中心呈現常態分布。

若平均成績是50分，標準差是15分的話，那麼「有68％的人，成績會落在35分到65分之間」。

如果是2個標準差，也就是「20分到80分」的範圍內，則包含95％的人；3個標準差的範圍則是「5分到95分」，包含全體的99.7％，其餘的則是0.3％。確實，要在平均50分的考試中考到95分以上，應該算是非常少數的個案吧。

偏差值則是為了方便起見，將前述這個假設置換為更容易理解的數字。

假設平均分數，在此例中即50分，是「偏差值50」，然後1個標準差（15分）用偏差值10來進行換算。

換句話說，比平均分數高1個標準差的話，就是「偏差值60」；低1個標準差的話，就是「偏差值40」。

在前面的例子中，平均分數是50分，標準差是15分，所以在這個考試中取得65分的人，就是「偏差值60」，而取得35分的人，就是「偏差值40」。

● 偏差值與「排名前多少％」的對照表

偏差值	排名前多少％
80	0.1%
75	0.6%
73	1.0%
70	2.3%
65	6.7%
60	15.9%
55	30.9%
50	50.0%
45	69.1%
40	84.1%
35	93.3%
30	97.7%

前面提到有68％的人分數落在1個標準差範圍內，而在其餘32％中，比那更高分的人占16％，比那更低分的人也占16％。換句話說，偏差值60就是「排名落在前16％」的意思。

為什麼考試完全是「與別人的競爭」？

相信說明到這裡，各位都已經明白為什麼「偏差值」在學力測驗中如此重要了。

考試完全是與其他考生之間的競爭——不管自己考得再高分，只要其他人都能考到更高的分數，就不可能錄取；反之，即使只能答對一半的題目，但只要其他人都答對不到一半，自己就能夠錄取。重要的不是你的分數，而是你「落在全體之中的哪個位置」，而表示落點位置的數值，就是偏差值。

如果能夠理解前述概念的話，對於孩子「一直沒辦法考到偏差值60以上」的煩惱，是不是就能夠給出答案了呢？

假如標準差是15的話，那麼比平均分數高出15分，跟再高出15分的差距，所需付出的心力肯定大不相同吧。

此外，偏差值60以上的人，也就是所謂學力測驗中的菁英，其中肯定也包含一些天資聰穎的人，即使不是很用功讀書，也總是能考到一定的成績以上。在與那些人競爭的前提下，想要提高偏差值是一件非常不容易的事。

但是，偏差值既然已經達到60的水準，表示已經相當接近那些人了。只要比以往更加仔細地持續學習，但不要太過焦急，肯定能夠金榜題名。作為家長，是不是可以用這種方式加以鼓勵學子呢？

✍ 思考自己的職涯時也可以應用偏差值

說到偏差值是不是只對考生來說很重要，我個人並不這麼認為。

偏差值60是排名前16％，越過這個分界以後，常態分布的曲線會大幅下降。意思就是說，你的競爭對手會一口氣減少許多。

達到偏差值65的話，就是前7％；達到偏差值70的話，就是前2％。這應該可以說是成功做到與周遭「差異化」的狀態吧。

如果你想在自己的職場上成為出類拔萃的人，不妨先把目標設在偏差值60，也就是排名前16％。或者你的野心不只是在職場上，而是想名揚整個業界的話，你就應該把目標設在偏差值70，也就是排名前2％。

像這樣用偏差值來思考職涯的話，是不是就能更具體地知道自己應該追求的目標了呢？

企業的競爭策略也一樣，如果是落在公司數量最多的業界平均水準的話，競爭當然會很激烈，不過只要能夠稍微贏別人一步，競爭對手就會大幅減少。因此，「先把目

標設在偏差值60，也就是排名前16％」，相信對任何人來說，都是很容易想像的目標設定方式。

近年來，由成功改變遊戲規則的頂尖企業獨占市場的情況也日益增加，但隨著時間經過，它們還是會被後來追上的企業瓜分市場，逐漸形成像這樣的常態分布。在我看來，常態分布果然就像是「宇宙法則」一樣。

✍ 「偏差值決定一輩子」的時代遲早會到來？

只是……在另一方面，還是有一些令人擔心的事。

例如〈序章〉中介紹的中國的「信用評分」機制，這種制度其實就是標準的偏差值。雖然不曉得詳細的運作系統，但相信在評分的平均值附近應該會聚集最多人，然後由分數高的人與分數低的人按照常態分布的曲線分布。

其中評分高的人可以獲得各種優惠，而評分低的人則不管借錢或找聯誼對象都會很辛苦……簡直就是「偏差值決定一輩子」的時代到來。

先不論這究竟是好是壞，我希望各位務必預先理解，知道世界上的規則正在朝著這個方向轉變。

3-4 解讀生活中隨處可見的「S型曲線」

Q 新商品終於開賣了！這項備受期待的商品前後研發3年，也投入大筆預算在行銷上，不過原本預估3個月會賣出100萬箱，沒想到第1週的銷量卻只有少少的5萬箱而已。

照這樣計算的話，3個月只能賣出60萬箱……大家都很傷腦筋，難道這項商品沒有未來了嗎？

✎ 新商品的銷售初速很差……怎麼辦？

當某項新商品問世時，任誰都會感到緊張。

就算是經過品質的打磨與縝密的行銷研究後推出的商品，也無法保證一定能夠熱賣。

愈是投入心血的商品，當銷售初速無法提升時，團隊的沮喪感也會愈大，到頭來經常會演變為互相推卸責任地說：「商品概念本來就很差……」、「推銷活動太弱了……」或「沒打廣告才會變這樣……」等情形也所在多有。

● S型曲線

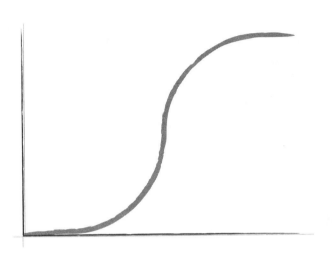

　　不過在第1週就放棄希望顯然為時過早，因為許多商品的銷售就像上圖一樣會呈現「S型曲線」。

　　這條曲線一開始變動得很平緩，接下來隨著時間經過，從某個階段開始，其數值會以陡峭的斜率上升，最後再次以平緩的角度漸增。由於看起來就像英文字母S一樣，因此被稱為「S型曲線」。

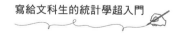 常態分布與 S 型曲線的關係

其實這就是一條用累積的數值來呈現前文「常態分布」的曲線。

比方說，由矮到高依序計算男性的人數好了。離平均身高愈遠的話，人數愈少，所以一開始人數會上升得很緩慢，不過大概從超過 160 公分以後，數量就會開始增加，直到 170 公分處迎來巔峰，之後數量又會逐漸減少。

累積計算這些人數的話，就會剛好呈現像這條 S 型曲線一樣的斜率。

前文提到，常態分布可以套用到世界上許多事物或現象上，這也就表示，這條 S 型曲線同樣也可以套用到世界上許多事物或現象上。

當一項新商品在滲透市場之際，很多時候都會呈現類似 S 型的變動。就算一開始變動得很緩慢，滲透的速度也會慢慢加快，並從某個時間點開始狂銷熱賣，然後再逐漸緩和下來。

當然，也有可能不會全然按照這個劇本演出，但如果在第 1 週就放棄的話，就無法期待後續的急遽上昇，這也是無庸置疑的事實。

此處的重點是，要先認知到「新商品的市場滲透過程就是這麼一回事」。

　　就算銷售初速不如預期，重要的是你能不能說服大家：「用S型曲線來說，現在就是暴風雨前的寧靜，能否再忍耐一下是重要的關鍵。」

🔍 學習新事物的成果也會呈現「S型曲線」?

　　順便再介紹另一個可以套用S型曲線的東西，那就是「學習與時間的關係」。

　　任何領域都一樣，每當開始學習新事物時，最初總是會抓不到要點，遲遲無法感受到實際的進步。不過等到過了某個時期以後，就會開始突飛猛進，彷彿海綿吸收水分一樣，不斷地學會新事物。在這個時期，學習會變得非常快樂。然而，一旦這個時期結束，又會苦惱於「停滯不前」的狀態。

　　這完全跟S型曲線的變動一樣。

　　如何克服一開始的撞牆期，然後在後續面臨停滯不前的狀態時，能不能夠堅持下去──這才是決定一個人學習成果的關鍵。

✐ 新冠疫情下的「S型曲線」

　　好的，我想最近有很多人都看到這條S型曲線了。沒錯，新冠肺炎確診人數的增加，就是呈現這樣的曲線。一開始人數緩慢增加，接著急速擴大，然後再次減緩下來，最後以完全相反的曲線下降，這樣的過程一再上演。

　　新冠肺炎剛開始擴散時，我想也有很多人看著日益增加的確診人數，不禁感到很焦慮吧。

　　不過隨著第2波、第3波與疫情反覆地擴大又降溫，相信如今已有很多人能夠多少預測到「這波疫情擴大應該會在這個時期告一個段落吧」。實際上，確診人數幾乎就如預料中地在那個時期達到巔峰。

3-5 該如何與「網路評論文化」共處？

Q 我們的店與Ａ店是競爭多年的對手，美食網站上的評論也幾乎不相上下，不過最近Ａ店的評價有逐漸上升的趨勢，反觀我們的店則出現相當惡意的評論，感覺好像有人在暗地裡動什麼手腳似的……

✍ 無所不在的2%負評

從書籍、電影、家電、餐廳到飯店……這是一個所有事物都會被用「星星」來評價的時代。

姑且不論贊同與否，我們早已身處在任何人都必須在意顧客評價的時代。

而且如果像此例一樣被留下極低分的評論，並且被很多人參考的話……無法維持平心靜氣也是人之常情。

不過，在此也請各位回想一下「常態分布」的內容。在這樣的評論中，會出現「2%極端的人」是正常的事，

然後「讚不絕口的人」應該也會有2％左右。也就是說，只要評論累積到一定的數量，勢必會出現留下極低負評的人，我們應該把這視為是很自然的天理。

只是，假如相對於評論數，負評明顯較多，也就是常態分布曲線明顯扭曲的話……當然，首先應該要懷疑自己做的事情有沒有問題，但同時也可以懷疑或許是有人在進行一些抹黑攻擊。

用「常態分布」解讀暗樁是否存在

好的，假如在前述的問題中，我們另起疑心，懷疑「是不是有人在暗地裡動手腳」，也就是「競爭對手是不是有花錢買暗樁」，這個問題也能用常態分布的概念來檢驗。

當然，暗樁安排得愈多，高分的評論也會愈多。如此一來，常態分布的曲線就會變形，變成集中朝著數值高的那一側扭曲突起。

另一方面，如果真的是憑實力提高評價的話，在高分評價增加的同時，低分評價應該也會同步增加才對。實際上，即使是評分再高的店，肯定還是會有幾則說「不如預期」或「跟我的喜好不同」的評論才對。

● 若有人為操作，常態分布曲線就會扭曲？

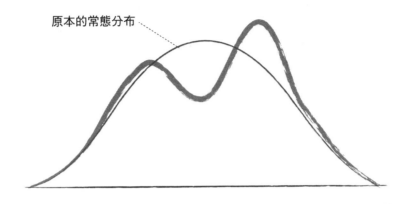

原本的常態分布

換句話說，藉由檢視評論的分布狀態，對於其中是否有人為操作這件事，即可看出一些端倪。

你該在意評論到什麼程度？

好的，基於前述的內容，我想在此針對「如何與評論文化共處」一事，陳述我個人的意見。

首先，若純粹以沒有人為操作為前提的話，所謂「星級的平均值」這種東西，我認為某種程度上是可以相信

的。也就是說，比起平均3.0顆星的店家或產品，3.7顆星的店家或產品讓人感到滿意的可能性較高。

但在評論數量過少的情況下，最好還是不要過度相信數字。評論數量還是必須達到一定的程度，可以的話最好有100則，否則最少也要有30則（理由我會在第4章詳述）。

最近在以美食網站為主的平台上，出自暗樁之手的假評論逐漸演變為社會問題，於是這類型的網站各個都開始對暗樁嚴加審核。從這層意義上來說，相信各位可以認為其信用度已經比以前有所提升。

另一方面，我認為人們可以不用太在意所謂的「評論內容」。

因為如前文所述，任何東西不管再好，都會出現2％的極端意見。況且由於這種極端意見特別醒目，因此也會有很多人按「讚」或「值得參考」，而那又會使它更引人注目，導致愈來愈多人按「值得參考」……像這樣的事情屢見不鮮。

但這就跟有人在大馬路上大聲罵髒話很引人注目是一樣的道理。要人完全不在意是不可能的事，但我認為某種

程度上可以認知到「這個世界就是這樣」——選擇視而不見就對了。

　　不管你喜不喜歡，評論文化在今後想必也會更蓬勃發展。但願各位能運用統計學的知識，學會在適當的距離下與之共處。

第 **4** 章

掌握統計學上「正確的」數據處理法！

——分辨有意義與無意義的調查

4-1 | 到底該聽取多少人的意見才夠？

Q 為了決定新商品的包裝設計，我在公司內部到處找人徵詢意見，但問愈多人得到的答案愈多。向上司報告以後，他說：「那就更徹底地收集大家的意見！」更徹底地……究竟該收集多少意見才夠呢？

「開票率1%」就能確定當選的奇妙現象

關於這個問題，若要先從答案說起的話，那就是「問再多人也沒用」。

為什麼？為了說明理由，此處必須先談一談「隨機抽樣」。

在調查某些事情時，最正確的做法就是「調查所有的樣本」。舉例而言，如果想正確地掌握民眾支持的政黨比例，就應該要對所有國民進行問卷調查，這就叫做「普查」。

不過，不用說也知道，這是一項耗時費力的大工程。

而為此設計出來的替代方法就是「隨機抽樣」，也就是完全隨機、沒有人為介入地挑選出樣本來調查，即可幾近正確的掌握全體傾向，而不必進行普查。

隨機抽樣的數量大概就是100個。換句話說，只要從民眾中隨機選出100人詢問他們支持的政黨，就能以相當高的準確度掌握全國民眾支持的政黨比例。

應該也有人會懷疑：「那麼少的樣本量，真的能掌握真實的民意嗎？」不過從選舉新聞快報明明只有「1%的開票率」卻能早早確定當選人，而且事後基本上不會翻盤一事，各位就能知道隨機抽樣的威力有多驚人了。正因如此，這個隨機抽樣的方法被稱作「重大發明」。

✎ 概略推估即可的話，「30個樣本」就OK！

此外，如果是像選舉快報這種不求正確度，「只求掌握大致傾向即可」的調查，甚至不用100個樣本，即使只有30個樣本左右，也可以掌握到準確度相當高的傾向。

換句話說，如果想要進行統計學上有意義的調查，至少應該要用隨機抽樣來詢問30個人的意見。

理解這個原則的話，就能看出這個案例中的問題出在哪裡了。問題就在於，只要取樣地點不脫離公司內部，樣本就一定會有所偏差。這樣的話，不管累積多少數量，也只不過是公司內部的人氣投票而已。

如果手上有顧客名單的話，還有一個方法是從顧客名單中隨機選出30個人來徵詢意見。這種方法應該會比公司內部的人氣投票有用吧。不過必須要留意的是，這個樣本中有可能會存在「以往購買過公司商品者」所持有的偏見。

如果有預算的話，不妨委託市調公司進行隨機抽樣調查，這才是最好的方法。

即使在統計學上不正確，「徵詢意見」為什麼依然很重要？

那麼，公司內部的調查完全沒用嗎？這樣講的話，什麼事情都不用做了。

因此，我想在此分享一個「雖然在統計學上不能說是正確的，但卻可以創造出盡可能相近的狀況」的方法。

那就是徵詢意見的對象屬性，要愈分散愈好。舉例而

言，如果徵詢的對象全都是「業務部的30幾歲男性員工」，那麼就算收集再多意見，也只會得到大同小異的結果。最好盡量找年齡、性別、所屬部門等條件各不相同的人來徵詢意見。

這種徵詢公司內部員工意見的行為，還有另一個意義，那就是「讓公司內部成員都參與進來」。徵詢意見能夠讓公司內部員工醞釀出「自己也參與了商品製作」的意識。如此一來，無論是製造部或業務部都會增強對自家商品的感情，因此有助於提高品質，或許還能讓業務活動進展得更順利。

其實比起導出統計學上正確的答案，這樣的效果能夠創造出更大的可能性。

在徵詢公司內部成員的意見時，不要只是單純地詢問他們的意見就算了，請試著用這樣的意圖去詢問吧。這是一件很重要的事！

4-2 從「樣本」就能推測出全體嗎？
——關於稍微有點複雜的「信賴區間」

Q 最近在5個朋友之中，有3個人離婚了。雖然我聽過
「每3對就有1對離婚」的說法，但實際上離婚率應
該更高吧……請問我這樣的直覺究竟正不正確？

✍ 5個樣本、10個樣本可以代表「全體」嗎？

前一節提到「可以的話，抽樣調查最好有100個樣
本，最少也要有30個樣本」。那麼「5個樣本」呢？對於
這次的問題，前文已經提供答案了。

這裡先來思考看看，比5稍微多一點的「10個樣本」
的案例好了。

假設你擲了10次硬幣，有2次出現正面，8次出現反
面。

以原本的機率來說，應該會出現5次正面、5次反面
才對。因此，你想出了這樣的假說：

「這肯定是被人動過手腳、擲不出反面的硬幣……」

請問這個假說有辦法用統計學的方法來證明嗎？

在這種結果只有兩種，「不是正面就是反面」的案例中，試驗幾次以後會得到什麼樣的機率，這樣的分布稱作「二項式分布」。

在計算這個機率時，會使用到一種稍微複雜一點的算式，叫「機率密度函數」。用譬喻來說的話，它就像是常態分布或偏差值計算的親戚一樣吧。

就像考試分數會有離差一樣，硬幣的正反面出現次數也會有離差。就算原本出現正面與反面的機率各是五成，也有可能出現5次對4次，或者連續10次都出現正面的情況。

實際計算的話，擲硬幣10次會出現「2次正面、8次反面」的機率，大約是5.5%。這裡省略詳細的計算方法不談，只要使用Excel中的「BINOM.DIST函數」即可計算出來。

✑ 樣本量太少，就愈可能得出極端的結果

請各位回想一下標準差與偏差值。前文提到，超過2個標準差的範圍，也就是偏差值70以上或30以下的數值，屬於「相當罕見」的情形。具體來說，在偏差值30到70之間，包含了全體的95％。

擲硬幣10次出現「2次正面、8次反面」的機率，如果被包含在這95％當中的話，就非屬「罕見」的情形。換句話說，這就表示「硬幣沒有作假」。只要被包含在全體的95％範圍內，即可視之為「統計學上有可能發生的現象」。

前面計算出的5.5％這個數字，大約是偏差值67，落在偏差值70到30之間（請參閱第3章136頁的表格，應該就很清楚易懂了）。在統計學上也可以採用這樣的說法：「在95％的信賴區間內，這個現象是會發生的。」

根據以上的理由，我們可以歸納出這樣的結論：擲10次硬幣出現2次正面、8次反面的機率，是充分有可能發生的。換句話說，我們不能說硬幣被人動過手腳。

反過來說，10次的樣本量有可能得到極端的結果，顯見10個樣本量還是不夠的。

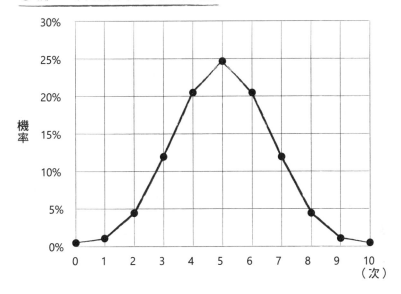

● 擲 10 次硬幣出現正面的次數

✎ **身邊有許多朋友離婚，可以說是整個社會的縮影嗎？**

跟擲硬幣一樣，我們也來計算看看，用稀少的樣本量得出極端離婚率的機率是多少吧。

假設整個社會的離婚率是33％（三分之一），自己周遭有60％（五分之三）的人離婚。這是目前正在發生的現象，樣本數是5人，而且只有自己周圍的人而已。這在統

計學上是充分有可能發生的事嗎？或者其實是自己周遭聚集了一堆不適合婚姻的人呢⋯⋯？

在此若進行跟前文一樣的計算，可知5個樣本中有3對離婚的機率高達21％。換句話說，有21％的機率會發生這樣的現象。

換算成偏差值大約是58。如果偏差值70以上可視為「統計學上發生機率很低的現象」的話，那麼自己周遭5對夫妻中有3對離婚的現象，還算是在統計學上有可能發生的範圍內。

也就是說，這個問題的答案是：「單純是因為樣本量少，所以才出現如此極端的數字，絕對不是自己的周遭發生了什麼特別的現象」。

但如果樣本數是30，其中有18對離婚的話，情況又會略有不同——離婚率跟5對之中有3對離婚一樣是60％。假如整個社會的離婚率是三分之一的話，30個樣本中應該會有10對左右的伴侶離婚，結果竟然有18對離婚了⋯⋯究竟這個現象發生的機率大概是多少百分比呢？

實際計算的話，大約是0.25％。用偏差值來說就是78。這在統計學上是不太會發生的現象，而是發生在遠超

過信賴區間95％之外的現象。

如此一來，「離婚率大幅增加」這種說法的可信度就頓時增加了。

我在前一節提到「最少也要有30個樣本」，就是從這樣的計算當中推導出來的。

好的，這個部分在本書中也是稍微複雜的地方，相信也有很多讀者感到難以理解。如果是這樣的話，我想只要知道「用5個或10個樣本來討論全體，是有點太偏頗了」，還有「最少也要有30個樣本」這兩點，基本上就已經足夠了。

✍ 話說回來，「離婚率」是有意義的數字嗎？

以下是關於「離婚率」這個主題的閒談。

相信許多人聽到「離婚率」，都會認為這代表在結婚的人之中，有多少比例的人離婚的數值。

具體來說，似乎有很多人認為「那一年結婚的人數」與「那一年離婚的人數」相比，就是那一年的離婚率。

不過這樣想的話，似乎不太合乎邏輯。在結婚的那一年離婚的人，反而是很罕見的案例，大部分的人都是在那之前就結婚的，其中也有過了3、40年之後，才決定「熟年離婚」的夫妻。

　　換句話說，按照這個方法計算的話，就是在比較「以前結婚，今年離婚的人」與「今年結婚的人」的數字，這樣本來就無法構成有意義的比較。

　　假如政府推出「今年結婚可以獲得金錢補助」等政策，導致結婚人數大幅增加的話，離婚率應該會暫時性地減少吧。不過，那一年結婚的人會不會在之後離婚，與那一年的離婚率是毫不相關的問題。

　　如果真的想要知道「幾對之中有幾對離婚」這種意義上的離婚率，恐怕得針對「某一年結婚的夫妻在5、60年後是否依然繼續維持夫妻關係」進行追蹤調查。

　　順帶一提，日本厚生勞動省是以「每千人當中的離婚件數」作為離婚率，而2019年的數值是1.7。

4-3 養成數據識讀的能力

▶▶ **Q** 新型傳染病急速擴散的當下，有人研發出全新的檢驗方式，可以判別受測者是否遭到感染，據說檢驗的正確率為90％，現階段這樣的精準度據信已經足夠有用了，但學者專家得出的結論卻是「完全沒有用」。正確率九成的檢驗方式為什麼沒有用？你知道理由是什麼嗎？

✍ 正確率有九成的數據，為什麼是無效的呢？

在2020年席捲全球的新冠病毒威脅中，這種討論PCR檢驗等議題的報導層出不窮，恐怕也令很多人感到「無所適從」。

這個問題是虛構的例題，但如果光看「正確率九成」這個數字，相信也有很多讀者會心想：「這在現階段應該已經是足夠有用的方法了吧？」那為什麼會被專家認定為「完全沒有用」呢？其中似乎可以推論出幾個答案，這裡

就來介紹其中一個答案好了。

首先，我們應該思考的是「何謂正確率」，也就是說，檢驗結果會被認定為「正確」的情況有哪些？

有兩種情況屬之，一是「陰性的人被診斷為陰性」的情況；二是「陽性的人被診斷為陽性」的情況。

反之，「陰性的人被診斷為陽性」與「陽性的人被診斷為陰性」則是不正確的情況。

如果將之畫成圖表，就會如右頁所示，這種圖表稱為「混淆矩陣」（Confusion Matrix）。

這裡我們來思考一個極端的案例。

假設100人中只有1個感染者，那麼如果對這些人提出「全部陰性」的判斷結果，情況會如何呢？

沒錯，「正確率是99％」。

不用說也知道，在這種判定檢測中最重要的，就是「將陽性的人判定為陽性」。儘管從這層意義上來說，這個檢測的「正確率為0％」，但換個角度來看，卻變成了「正確率99％」。

可見如果不檢視這張圖表的整體平衡，就無法看清那

● 混淆矩陣

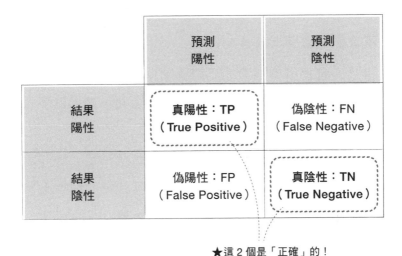

	預測 陽性	預測 陰性
結果 陽性	真陽性：TP （True Positive）	偽陰性：FN （False Negative）
結果 陰性	偽陽性：FP （False Positive）	真陰性：TN （True Negative）

★這2個是「正確」的！

項檢測是否真的值得信任。

🖋「偽陽性」為什麼會愈來愈多？

附帶一提，這種現象當然不僅是新冠病毒而已，在AI醫療的領域也是非常重要的觀點。

大家應該多少都有耳聞，AI診斷疾病的技術在近年來已有長足進展。過去醫生會忽略掉的疾病徵兆，現在可

以藉由AI來替我們發覺。

這是一件很棒的事情，但萬一AI忽略那個徵兆，疾病就會繼續發展下去。

為了避免這樣的情形，所以要擴大判定為「陽性」的範圍。如此一來，實際上並非陽性卻被判定為陽性的人，亦即「偽陽性」的人勢必會增加。

如同PCR檢測的「偽陽性太多」被視為是一大問題，一旦偽陽性的數量過多，檢測的可信度就會受到動搖。

該如何取得其中的平衡呢？AI醫療領域的專業人士正在為這個問題日夜苦思。

從不同面向拆穿數據的謊言

就在某些領域如同AI醫療一樣講究嚴謹數字分析的同時，世界上卻還有一些案例採用略顯可疑的調查或數字統計方式。

舉例而言，有的調查會請受試者吃某種食物，而其中有九成的人會回答：「好吃。」但除非是相當偏食的人，否則一般吃到人家端出來的食物，大部分的人還是會覺得「嗯，還算好吃」不是嗎？

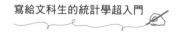

有時問題則出在提問方式上，如果問說：「請問你會對老年生活感到焦慮嗎？」大部分的人應該都會回答「會」吧；反之，如果問說：「請問你對老年生活有什麼樣的印象呢？」相信除了「焦慮」這個答案，還會出現其他像是「悠閒自得」、「一輩子不退休」等回答才是。

　　如果是真正有良心的數據，會在附注詳細說明該項調查是如何進行的。希望各位在檢視數據之際，務必連同這個部分也詳加確認。

第 5 章

「多變量分析」是在 AI 時代生存的必備知識

——機會、風險與財富，皆在其中

5-1 | 賣場的面積愈大，營收也會愈高嗎？
——關於「迴歸分析」

Q 你是連鎖零售業的管理者，你將自己負責的店面營收與面積製成表格後，發現整體的趨勢似乎是賣場的面積愈大，營收也會愈高，因此你提案說：「為了增加營收，我們把店面的大型化作為目標吧。」結果卻遭到反駁說：「你真的能斷言營收跟面積是成比例的嗎？」請問你該如何說服其他人呢？

🖋 店面的大型化真的是正解嗎？

「只要增加賣場面積就能提高營收」，乍看之下好像很理所當然，不過實際上也有很多面積雖小，生意卻很好的店面，而且就算面積再怎麼寬敞，只要營收無法預期會達到相對的成長就沒有意義。

這裡想請各位回想的是「一次函數」。

用數學式來表示，就是「$y = ax + b$」。所謂的函數，只要將它想成是「決定一個數值以後，另一個數值就會自

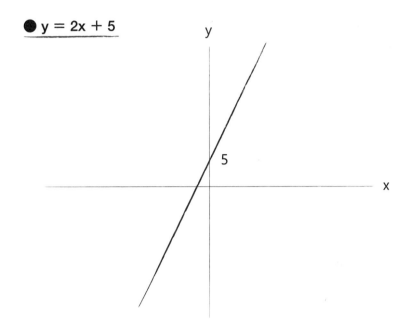

● y = 2x + 5

動決定」的概念即可。

舉例而言：

y = 2x + 5

如果是這個函數式的話，當 x 等於 2 時，則 y 等於 9。

y = 2×2 + 5 = 9

若把這個算式繪製成 x 軸與 y 軸的二維座標圖的話，

就會如上圖所示。

好的，如果想要證明這次的問題，即：「賣場的面積愈大，營收也會愈高嗎？」就可以像這樣用簡單易懂的一次函數來表示，例如：

$$y（營業額）＝2x（賣場的坪數）＋10$$

　　如果存在著這樣的規律性，就非常地淺顯易懂對吧。如此一來，若賣場坪數是30坪的話，營收就是70萬；坪數是2倍的60坪的話，營收就是130萬。

　　不過，不用說也知道，如果那麼單純的計算能夠成立的話，我們就不需要這麼辛苦了。

　　那麼，我們來試著思考看看，假如各連鎖店營收與賣場面積的關係如右頁的上表所示，是否能夠證明「賣場的面積愈大，營收也會愈高」呢？

　　把這些數字在圖表上標示出來，就會得到右頁下方的「賣場面積與營收的關係」。

　　如果光看這張圖表，看起來確實是面積增加的話，營收也會提高。不過當然，這並不會構成漂亮的一次函數式。

店	坪數	營收／月（萬圓）
A	30	85
B	45	95
C	52	190
D	56	155
E	58	168
F	60	180
G	66	182
H	80	250
I	85	220
J	90	382
K	100	290
L	120	368
M	125	340
N	130	370

● 賣場面積與營收的關係

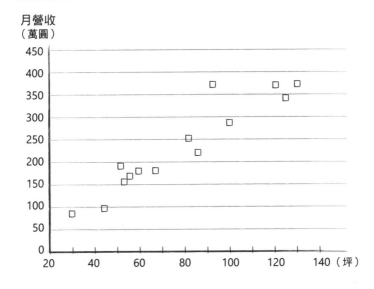

✍ 先提出「預測值」，再驗證是否正確

這裡能夠派上用場的，就是「迴歸式」。

首先，請看右頁那張在剛才的圖表中加上一條線以後的圖。

這裡畫的線是從上頭分布的各個實測值所導出來的預測值，又稱為「迴歸式」，而由迴歸式畫出來的線條就稱為「近似線」。

這個迴歸式是用「最小平方法」這種方法算出來的，但由於計算方法有點複雜，因此這裡省略不談。

如果看這條近似線的話，好像可以說：「賣場的面積愈大，營收也會愈高。」不過迴歸式與近似線完全只是預測值，我們不曉得能不能夠斷言那真的是正確的說法。

為了知道答案，必須計算出「決定係數」（R^2）。然後如果那個數值有高到一定程度的話，才會得到「這個迴歸式應該可以相信」的結論。

換句話說，為了證明這次的問題，即：「賣場的面積愈大，營收也會愈高嗎？」需要採行的步驟如下：

● 試著畫出「近似線」後會發現……

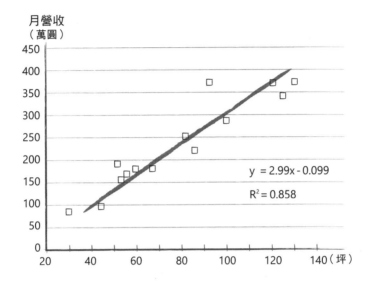

月營收
（萬圓）

$y = 2.99x - 0.099$

$R^2 = 0.858$

（坪）

①首先，根據實際的賣場面積與營收的數據來計算「迴歸式」。

②接著，計算那個迴歸式的「決定係數」。

③若迴歸式顯示「賣場面積愈大，營收也會愈高」，而且決定係數也很高的話，即可說：「賣場面積愈大，營收也會愈高。」

用Excel就能輕鬆搞定迴歸分析！

好的，前面提到迴歸式的計算很複雜，而決定係數的計算雖然沒有那麼複雜，但對於不習慣數字的人來說，還是有不太容易理解的部分（具體來說，「決定係數〔R^2〕＝預測值的平方和／實測值的平方和」）。

值得慶幸的是，如今只要用Excel這項工具，瞬間就能完成迴歸式與決定係數的計算。雖然在此之前，必須先在Excel中安裝「分析工具箱」增益集，但只要使用這個分析工具箱，並選擇「迴歸分析」，就能瞬間導出迴歸式與決定係數。

接著，試著輸入此例中賣場面積與營收的數字以後，我們就能計算出以下的答案：

* 迴歸式（x＝賣場的坪數、y＝營收）
  y＝2.99x－0.099
* 決定係數
  R^2＝0.858

從迴歸式概略可知，「營收大約會是坪數的3倍」。

然後決定係數為0.858，也就是85％左右。如果決定係數有這麼高的話，我想「面積愈大，營收也愈高」的說法，應該是可以接受的。

雖然這個推算的過程很麻煩，但至少要做到這一步為止，才可以說是兩者「有相關性」。像這樣導出數據的相關關係的方法，就稱作「迴歸分析」。

🖋 數據科學家都怎麼判斷迴歸分析？

就算是離差相當大的數據，迴歸式仍然有可能計算出來。只不過在那種情況下，決定係數會變得顯著地低。

在一般的想法裡，決定係數只要有0.5以上，相關關係就會成立。倒是在出現0.8這種非常高的相關關係的案例中，反而會令人擔心計算方法是否有誤。畢竟這個世界可沒那麼簡單不是嗎？數據科學家就是用這樣的感覺在面對數據。

🖋 找出潛藏大好機會的「離群值」

好的，儘管我在本書中宣稱「盡量不使用困難的數

字」，但這個部分的內容，我還是使用了稍為有點難度的數字或計算式。

接下來要介紹的，雖然稱不上是可以完全取代的東西，但我想告訴各位一個方法，可以活用前文那些數據，但不需要經過複雜的計算，那就是「離群值」。

請看右頁圖中J店的營收。

由這張圖表可知，J店營收比迴歸式的近似線還高出許多。也就是說，儘管賣場面積相對較小，營收卻很高，或者也可以說是它的坪效很高。

一旦發現這樣的店，就是大好機會，因為其中很有可能藏著某些「能提高營收的關鍵」。

比方說，可能是商品的陳列有什麼精心設計，可能是親切的待客方式成功抓住顧客的心，也可能是每週發送的傳單上藏有什麼祕密……

像這樣經過調查以後，如果發現是「配合平日與週末的客群不同，改變陳列方式並成功奏效」的話，就將這套方法也運用到其他店面即可。如此一來，應該有可能會全面提升所有連鎖店的營收。

這是一種名為「標竿學習」的分析法，也就是從成功

● 尋找「離群值」

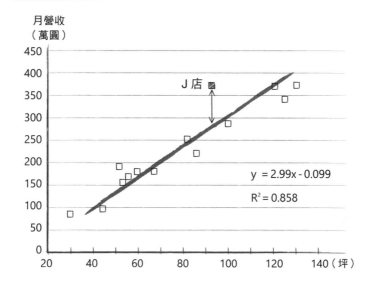

月營收
（萬圓）

y = 2.99x - 0.099
R² = 0.858

案例中挖掘出成功因素（即KSF，關鍵成功因素）的古典手法，至今在顧問業界依然經常被使用。

在尋找這種離群值之際，如果有近似線的話就會一目了然，但即使沒有，應該也能立刻發現明顯的離群值。請務必試著尋找看看你周遭數據的「離群值」。

那個「相關性」真的正確嗎？
——學會運用 PAC 思考

> **Q** 最近年輕人的離職率愈來愈高，部長主張說：「都是
> 因為年輕世代缺乏幹勁的緣故！」並藉此施壓人事
> 部，說要好好挑選出有幹勁的年輕人才行……但這
> 種說法真的是正確的嗎？

✎ 試著將自己的主張帶入「計算式」裡

雖然這是非常有可能發生的事，但最後也很有可能因
此出現一些奇妙的指令，例如：「果然還是應該要雇用運
動社團出身的人才對……」等等。

不過，實際上的確是有這種「看起來明顯缺乏幹勁的
年輕人」。好，那該如何才能避開這位部長所施加的壓力
呢？

本書是統計學的書，因此我想試著把這位部長的主
張，化為「計算式」。

部長的主張是「離職率取決於幹勁的大小」，這也是

所謂的一次函數。

　　要把幹勁化為數值相當困難，但我們可以先假設使用某個測驗能為幹勁打出 1 到 10 分的分數，其中 1 是最低分，10 是最高分的狀態。

　　所謂的「離職率」取決於此，就好比以下這樣的函數：

$$y（離職率）= 100 - 10x（幹勁的大小）$$

　　帶入這個式子的話，幹勁大小是 1（最低）時：

$$100 - 10 \times 1（x）= 90$$
離職率即為 90%。

　　另一方面，當幹勁大小是 10（最高）時：

$$100 - 10 \times 10（x）= 0$$
離職率即為 0%。

　　這樣就能將部長所說的「因為缺乏幹勁，所以離職率很高」這句話化為數學的計算式。

✍ 用「PAC思考」識破邏輯盲點

好的，看到這個以後，是不是有很多人會說：「不對吧，離職率不是那麼簡單就能推導出來的吧？」

會產生這種疑問也是理所當然的，畢竟有些人期望的職務，可能與實際上擔任的職務不同，況且有時候上司或同事之間的人際關係也是一大因素。當轉職市場愈熱時，來自其他公司的挖角也會愈多吧。

換句話說，這位部長的言論弔詭之處，在於「明明可能有多種主因，他卻認為只有一個而已」。

這裡我要介紹一種思考架構，名為「PAC思考」，即：

- Premise（前提／事實）
- Assumption（假設條件）
- Conclusion（結論／主張）

取自這3個詞的首字母，這是一種形成理論建構基礎的思考法。思考在前提或事實，與結論或主張之間的「假設條件」是什麼，並判斷那個假設條件，是否真的正確，就是PAC思考的重點。

● PAC 思考

Premise（前提／事實）　　　　　　Conclusion（結論／主張）

- 愈來愈多缺乏幹勁
  的年輕人

- 離職率變高

Assumption（假設條件）

- 「幹勁」是離職的唯一／
  影響力最大的因素
- 沒有其他理由（因素）

　　若要帶入前文的內容，首先，事實是「愈來愈多缺乏幹勁的年輕人」，結論則是「所以離職率才會變高」。

　　若試著思考存在於在那之間的「假設條件」，可能會得到以下的結果：

- 缺乏幹勁是辭掉工作唯一或最主要的理由
- 年輕人辭職離開公司不可能有其他理由

只要像這樣試著舉出事實與結論之間的假設條件，就能看清楚該項理論是否成立。

　　事實上，這個世界充斥著各種只有一個主因就想歸納出結論的說法，例如「只要吃這種藥就會瘦」、「只要吃這種食物就能長命百歲」……這些恐怕全都可以說是刻意套用「y = ax + b」這種一次函數的說法。

　　當聽到任何不太符合邏輯的說法時，建議各位試著用這套「PAC 思考」的框架來思考。

　　好的，或許在各位讀者之中，也有人認為「雖然不能光憑幹勁就確定離職率，但如果能夠導出全部可以想到的因素，是不是就能導出離職率的式子呢？」

　　其實這是非常重要的觀點，因為那樣的想法正是解讀當前世界的關鍵。

　　詳細內容我會留待下一節說明。

5-3 用「多變量分析」開啟AI時代的大門

> **Q** 我很喜歡葡萄酒，有時即使是相同產地，也會因為年份而呈現不同的風味，或價格意外地昂貴，這些都是葡萄酒的魅力。不過我有一位專攻統計學的朋友說：「應該可以建立出一個用日照時間或氣溫來計算葡萄酒價格的模型。」我不是很想相信如此無趣的說法，但這真的有可能嗎？

✒ 葡萄酒的價格取決於「僅僅4個」要素？

答案是「可以」，或者說，其實這個問題本身，就是以實際發生過的案例為原型。

葡萄酒的味道或價格，尤其是紅葡萄酒，除了受到產地或葡萄品種影響，也會隨天候或儲藏年數而改變，這是自古以來眾所皆知的事。除此之外，一般認為其他地區同一年份的葡萄酒品質優劣、社會景氣或股價，乃至專家品鑒報告或評價分數等，各種因素都會決定葡萄酒的價格。

其中一篇發表在《葡萄酒經濟學雜誌第七期》（*Journal of Wine Economics, Volume 7*，2012年）上的報告掀起了話題。根據這份報告，葡萄酒的價格可以用以下的數學式來表示：

- 波爾多葡萄酒的價格（在倫敦拍賣會的價格）
  ＝0.0238×年數
  ＋0.616×葡萄生長期（4月～9月）的平均氣溫
  －0.00386×8月的降雨量
  ＋0.001173×葡萄生長期之前（10月～3月）的降雨量

　　這個算式代表的意思是，陳放年份（釀造年份）、生長期的平均氣溫、採收期的降雨量、生長期之前的降雨量等4種因素，會決定葡萄酒的價格。

　　換句話說，其中揭露的訊息就是，以往被認為如此複雜的葡萄酒價格，其實只靠4種因素就能決定了。

　　順帶一提，這個模型的「決定係數」是0.828，也就是大約有83％的機率可以預測成功。此一數字之高也讓這個模型備受讚許。

🜨 根據多種因素進行考量，就是「多變量分析」

這裡再進一步解說一下前述的模型。

首先，「0.0238×年數」的意思，就是「讓葡萄酒沉睡1年，價格就會上漲2.4％」。雖然讓葡萄酒沉睡愈久價格會上漲愈多是常識，但這裡算出了上漲率為「1年2.4％」。

其次的「0.616×葡萄生長期（4月～9月）的平均氣溫」，也就是在葡萄生長期的4月到9月間的平均氣溫會影響葡萄酒的價格，而具體來說，每上升0.1℃，價格就會上漲6.2％。

接下來是「0.00386×8月的降雨量」，從唯有這一項是「減號」也可以看得出來，8月的降雨量增加是葡萄酒價格下跌的主因。具體的計算是：降雨量每增加1毫米，價格就會下跌0.4％。

至於在葡萄生長期之前的10月到3月的部分，降雨量反而是加分項目。如「0.001173×葡萄生長期之前（10月～3月）的降雨量」所示，降雨量每增加1毫米，葡萄酒的價格就會上漲0.1％。

順帶一提，年數或氣溫等獨立的數值又稱作「自變

數」，隨著自變數而變化的數值則稱作「應變數」，此處的葡萄酒價格即為應變數。你只要想成會造成影響的是自變數，會受到影響的是應變數即可。

像這樣不只是由單一因素，而是由多種因素導出結果的方法，就稱為「多變量分析」。

前文說明的「迴歸式」與「迴歸分析」，是用來檢視一項因素與另一項因素之間相關性的方法，可以用「y＝ax＋b」這種一次函數來表示；相對於此，有多種因素的多變量分析，則會用以下的式子來表示：

$$y = ax_1 + bx_2 + cx_3 + dx_4 + ex_5 \cdots\cdots$$

此時使用的迴歸分析，則稱作「多元迴歸分析」。

你可以用「多變量分析」做什麼？

其實，堪稱這幾年流行用語的「大數據分析」或「數據科學」在做的事情，很多都是以「多變量分析」為基礎。

隨著IT化、數位化的進展，各式各樣的數據都變得

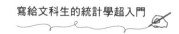

唾手可得。其中最大宗的就是行動電話，不只是個人的瀏覽或購買資料而已，如今甚至連使用者的行為資料都能夠取得。

使用這些數據可以進行各種分析。

例如「預測」，舉凡店面或電子商務的營收預測、新產品的營收預測、最佳庫存量的計算、折扣帶來的銷量預測等等，都有可能達到前所未有的精確度。

此外，也可以掌握顧客滿意度與背後因素之間的關係，尋找出最有效果的策略；將資料樣本區分成幾個群組，掌握整體的趨勢；依據員工的問卷調查找出提升員工滿意度最該優先著手處理的事情等等。

而這些分析背後的基礎，就是「多變量分析」。

數據科學家的工作意外的樸實無華？

舉例來說，假如要預測某家超市的營業額，而決定性因素主要有「附近的交通量」、「廣告投放量」、「特賣天數」、「降雨量」的話，就能夠組成以下的式子：

y（超市的營業額）＝a×附近的交通量＋b×廣告投放量＋c×特賣天數－d×降雨量

其中的關鍵在於每一項因素的「係數」（式子的a～d）。比方說在葡萄酒的例子中，設定的係數就是「0.0238×年數」（沉睡1年，價格就會上漲2.4％）。

對結果影響愈大的項目，係數也會愈大；影響愈小的項目，係數就會愈小。係數會參考廣告投放量增加1單位的效果，與特賣天數增加1天的效果有多少差異等數據來做決定。

至於該讓哪個變數乘以多大的係數才好呢？數據科學家會使用多變量分析的專門軟體，反覆進行係數的精緻化。若要達到實用的水準，需要花費大量的時間與精力。

儘管數據科學家備受社會吹捧，但實際的工作如此樸實無華就是真正的現實。

✍ 用AI計算「錄取婉拒率」的問題在哪裡？

除此之外，AI會自動進行前述那些作業，使得能夠分析的世界變得更加寬廣。正確來說，使用於AI中的不

只是多變量分析而已，還有一種叫「神經網路」的方法，但其背後的基礎依然是多變量分析。

不過，這些技術是否能讓世界上的一切都朝著更好的方向發展，又是另一個問題了。

上一節提到，「雖然不能光憑幹勁就確定離職率，但如果能夠導出全部可以想到的因素，是不是就能導出離職率的式子呢？」

其實以往就發生過類似的案例，也就是一度掀起熱議的「由AI來預測錄取婉拒率」：

某間經營就業情報網站的公司，利用AI分析學生的屬性或行動紀錄，計算出婉拒錄取的預測值，再將那份資料提供給企業方。

雖然不清楚詳情如何，但推測該公司應該是使用了求職者的畢業學校、在校成績，或看了哪些網頁的瀏覽記錄等相對簡單的變數預測模型。這跟前文提到的用4種變數預測葡萄酒價格是完全一樣的道理。

當時這個事件因為「在未經本人許可下，利用關於學

生個人資訊的服務」而引起軒然大波。不過，我認為其中存在著其他更根本性的問題。

　　歸根究柢來說，企業之所以會需要這個數值，應該是因為錄取求職者之後陸續有人婉拒，造成企業的人資專員無計可施的緣故。

　　錄取員工本來的目的是「確保將來對公司有貢獻的優秀人才」。不過，那個人才究竟會不會對公司有貢獻，要到一段時間以後才會知道。站在人資專員的立場，在意「能不能夠確保預定的人數」或「會不會有人被錄取後卻婉拒」是理所當然的事。

　　那麼，如果判斷「這個學生將來一定會對公司有貢獻」，並準備錄取對方時，卻發現 AI 算出來這個人的錄取婉拒率很高的話，人資專員該如何是好？

　　「如果發出錄取通知還被婉拒的話，不如選擇排名稍低卻不會婉拒的人比較好。」……我想即使做出這樣的判斷也無可厚非，不過如果從錄取員工本來的目的來看，並不能說這是正確的判斷。

　　雖然不曉得實際上有沒有使用這樣的作法，但在不同的使用方法下，數值也有可能會造成反效果，希望各位務

必牢記在心。

　　未來AI會把觸角伸向生活的各個領域，這是無可避免的趨勢。為了與時共進，「多變量分析」可說是不可或缺的知識。

終章

本書所謂的統計式見解
與思維是什麼？

——看清事實、提高勝率的行動方針

養成「統計式思維」習慣的重要性

本書到目前為止，談的都是對工作或生活有幫助的統計學，雖然我打算盡量避免使用數字或數學式，但好像還是多有提及。

如果你能夠記住這些數字或數學式，當然是再好不過的了，不過我有另一個更想傳達的觀念，那就是「養成統計思考的習慣」的重要性。

舉例而言，假設有一天，你在網路上看到「年收入1,000萬圓不是夢！」的廣告，開始認真考慮要換工作。

不過能不能在轉職市場上成功，得實際採取行動才知道。此時，究竟該如何判斷才好呢？

這個時候，不妨試著使用情境規劃的方法，來算算看轉職的「期望值」。

你心想：自己的職業似乎的確有很高的求才需求，不過要找到「年收入1,000萬圓」的公司，機率應該沒那麼高吧？頂多10％左右就很多了，但要比現在的年收入600萬圓更高的機率，比方說800萬圓好了，機率應該可以達到30％。

按照常理來想，感覺很多公司開的薪水都跟你現在的薪水差不多，因此可以把維持跟現在一樣的薪水機率設定為50％；另一方面，薪水也有下降到400萬圓左右的風險，因此暫且設定為10％這個數字。

試著計算這些的可能性期望值，就會得到以下結果：

1,000 萬圓 ×10% ＝ 100 萬圓

800 萬圓 ×30% ＝ 240 萬圓

600 萬圓 ×50% ＝ 300 萬圓

400 萬圓 ×10% ＝ 40 萬圓

期望值即為680萬圓。

期望值粗估會超過現在的年收入。如果以這個數字為基礎的話，是不是就能多少看清楚自己的挑戰是否過於輕率呢？

不過，許多人往往只看到「年收入1,000萬圓」這個數字就受到誘惑，沒有想清楚就採取輕率的行動，或是難以正確估計自己的市場價值，不敢任意採取行動。此時，即使是假設的也沒關係，數值化能夠成為採取行動時的依據。

✍ 用「MECE 分析法」解決問題

跟公司內部有關的問題，基本上不會只肇因於唯一一項因素。這一點我在「多變量分析」的單元已經說明過了。

只要具備這樣的觀點，相信在解決公司內部問題上的幅度也會更加寬廣。

舉例而言，如果年輕人的離職率很高的話，不要只考慮一項因素，而是要盡量提出所有想得到的因素。接下來，試著思考哪項因素會造成多大的影響，也就是設定「係數」，然後從係數高的因素開始逐一解決問題。

這個時候，有個重要的原則是「MECE」，相信經常閱讀思考術相關書籍的人都知道，這個縮寫取自「Mutually Exclusive and Collectively Exhaustive」的首字母，翻譯過來就是「相互獨立，完全窮盡」。這套原則被視為是邏輯思考的基礎，例如在分析某些問題的時候，就會要求用「MECE」來將問題分類。

統計思考與邏輯思考之間往往存在高度的相關性。

只要理解統計學，就能預見未來？

透過「統計思考」這件事，連今後我們會有什麼樣的未來都有可能加以預測。

舉例而言，最近的年輕人愈來愈習慣使用交友軟體。對此現象蹙眉的人應該也很多吧。

不過，按照統計思考來說，在交友軟體上認識的人，比較有可能發展出順利的人際關係。

過去結識對象的機會，僅限於相同學校或職場的人，或者是在聯誼等場合認識的人而已，以樣本量來說頂多也就幾10人吧。也就是說，你必須從那些有限的樣本中，找到適合自己的對象才行。

反觀交友軟體，登錄者動輒數十萬人乃至數百萬人，還會幫忙挑選出興趣或個性等條件有可能適合自己的對象。若要遇見真正適合自己的人，交友軟體的機率應該會高出許多。

這樣一來，或許在未來的時代裡，包含相親等活動在內，「從周遭的人當中尋找對象的風險比較高」，也會變成一種常識。

隨著科技的進步，人際關係與社會型態都應該要與時俱進。一味堅信過往的作法才是正確的，就好像在有智慧型手機的時代裡，還認為飛鴿傳書比較方便一樣。

人類與世界溝通的型態已經改變

溝通的型態本身，似乎也會改變。

舉例而言，目前有一種研究正在進行當中，就是在線上對話時，AI 會分析對方的情緒。這樣一來，或許就能夠適時地做出判斷，在察覺到對方有點被冒犯的瞬間改變話題，或是深入談論對方有興趣的話題等等。

不僅如此，或許在未來的某一天，還能夠利用 AI 自動轉換自己的發言，修改成對方更容易接受的說法。

實際上，由 AI 來檢查文章並自動提供行文建議，好讓溝通更圓滑的功能，已在逐步實現當中。

如果持續發展下去，說不定未來會變成「害怕與人直接交談（因為不曉得對方情緒如何）」的世界。

適應混沌新世界的完美工具，就是統計學

生活的方方面面都「用數字管理」的時代，我認為肯定會到來。

例如現在全世界都在追求的碳中和，據說沒有意識到這件事的企業會遭到嚴厲批判，有些案例甚至已經對股價造成負面影響。

像這樣的趨勢應該有十二萬分的可能性，總有一天會蔓延到個人的身上。

舉例而言，由於吃素肉對環境造成的負擔比吃牛肉少，因此可以把它數值化，每次吃牛肉就會算進二氧化碳當量裡面；或者是開車代步而非搭乘對環境負擔較小的火車時，也會把二氧化碳當量計算進去。這在個人行動紀錄或購物紀錄唾手可得的現在，是充分有可能的事。這應該可以說是名符其實的社會問題的「＠變換」吧。

然後，該項數值高的人也許會被課徵額外的稅金，或者是在汽車的使用上受到限制，這些都不是沒有可能的事。用類似所謂「永續偏差值」的數值來評價每一個人，一旦這些數據被公開，甚至有可能牽連到個人的信用，就

如同〈序章〉所述，中國「信用評分」的二氧化碳版本一樣。

　　實際上，為了避免對環境造成更大的負擔，未來在某種程度上終將會對個人施以限制，而不僅是針對企業而已。這件事絕對不是什麼天方夜譚。

　　數據與AI的各種應用，今後會更加如火如荼地發展。抗拒或欣然接受這種時代的變化，差別只在於你「懂不懂它運作的機制」。交友軟體也好，AI給你的作文建議也罷，說來說去都不脫「多變量分析」（本書第5章）的範疇，而不是有誰在雲端上進行什麼詭異的儀式。

　　運用數據思考的機制就是統計學。統計學是讓這個不講理又不確定的混沌世界變得更清明的完美工具。

本書的内容・事例、圖表部分引用同著者的《数字で話せ》（PHP研究所）、《仕事に役立つ統計学の教え》（日経BP社）

執筆協力：スタジオ・チャックモール

人生卡關的時候，就用「期望值」思考吧！

AI 時代輕鬆存活必備技能，寫給文科生的統計學超入門

超文系人間のための統計学トレーニング「数学を読む力」が身につく 25 問

作　　　者	齋藤廣達
譯　　　者	劉格安
主　　　編	郭峰吾

總 編 輯	李映慧
執 行 長	陳旭華（steve@bookrep.com.tw）

出　　　版	大牌出版／遠足文化事業股份有限公司
發　　　行	遠足文化事業股份有限公司（讀書共和國出版集團）
地　　　址	23141 新北市新店區民權路 108-2 號 9 樓
電　　　話	+886- 2- 2218-1417
郵撥帳號	19504465 遠足文化事業股份有限公司

封面設計	陳文德
排　　　版	藍天圖物宣字社
印　　　製	成陽印刷股份有限公司
法律顧問	華洋法律事務所 蘇文生律師

定　　　價	380 元
初　　　版	2023 年 9 月

電子書 E-ISBN
978-626-7378-01-4（EPUB）
978-626-7305-99-7（PDF）

TOKEI-GAKU TRAINING
Copyright © 2022 by Kotatsu SAITO
All rights reserved.
Illustrations by Minoru SAITO (G-RAM.INC)
First original Japanese edition published by PHP Institute, Inc., Japan.
Traditional Chinese translation rights arranged with PHP Institute, Inc.
through AMANN CO., LTD

國家圖書館出版品預行編目（CIP）資料

人生卡關的時候，就用「期望值」思考吧！AI 時代輕鬆存活必備技能，寫給文科生的統計學超入門／齋藤廣達 著；劉格安 譯 . - 初版 . -- 新北市：大牌出版，遠足文化事業股份有限公司 , 2023.9
208 面；14.8×21 公分
譯自：超文系人間のための 統計学トレーニング 「数学を読む力」が身につく 25 問
ISBN 978-626-7378-00-7（平裝）
1. CST：統計學

112014674